阿吽の世界

坂 本 保 男

阿吽の世界

坂　本　保　男

序

　坂本保男氏は退職後、神戸学院大学の人文学部に入学され、親子以上の歳の差のある学生たちと共に学び、人生の良き先輩として、そして頼りになる同級生として学生生活を謳歌されました。

　大学院まで研究を続け、2022年には牧歌舎から『戦国大名の軍資金』を上梓、好評を博して増刷されています。テーマの良さと読みやすさ、読者の興味を満たす切り口がその人気の理由でしょう。

　神戸学院大学での研究は、始皇帝に取り入り三千人の童男童女や多くの技術者を伴って、不老長寿の霊薬をもとめて東海に船出した徐福に関するものでした。この徐福伝説の日本における広がりを文献資料と実地調査で確認し、新たな切り口で研究しました。こうして、徐福を一個人としてではなく、日本に渡来した人々全体を象徴する存在として位置付け、文化伝播のあり方について考察し、徐福伝説を単なる伝説ではなく、事実を踏まえた歴史事象へと引き上げ

たのです。

　この手法は今回の著作でも十分に発揮されており、文献資料と実物資料を組み合わせ、さらにできる限り現地を訪れて確認し、それらの関連性を推測し、文化伝播のありようを明らかにしています。また、氏の目線は人や物の移動だけではなく、情報の移動にも向けられています。情報はさまざまな形で伝わりますが、本研究では言葉と図像からその伝播経路を探っているのです。普段何気なく使っている言葉、お寺や神社、そして道端に佇む、身近にありながらもあまり気にしてこなかったものが、遥か遠くシルクロードを伝わってきたことを知ることで、私たちの文化や生活がグローバルなものであることに気づかされる本です。

　歴史にロマンを求めてはいけないという研究者もいますが、ロマンこそが歴史研究の楽しさでもあります。本書からはそのロマンに駆られた筆者が生き生きと語るシルクロード文化伝播論を読み取ることができるでしょう。

　　　　　　　　　　　　　　　大原良通

目　　次

はじめに

「コミュニュケーション」がとれている家庭やサークル・スポーツ・病院の医療チーム・諸職場等々は風通しもよく、見ていても、対面しても気持ちが良い。確かに意志の疎通がはかられている組織は仕事がスムーズに運んでいる。

今日、社会・学校・家庭・病院において「コミュニケーション」のギャップ・齟齬（くいちがい）が発生し、苦労している場面が多々見受けられる。これらは価値観や文化の違い、育った環境の違い、行動基準や表現力に加え言語の違い等に遠因がある。まして現代はグローバル社会になっておりこれらの「コミュニケーション」は重要性が増してきているのである。

我国には、古代から根付いている精神文化の「阿吽の呼吸」があり、その「阿吽」が今見直されているのである。

阿吽とは、二人以上が一緒に物事をするときの相互の微妙な調子・気持ちがぴったり一致することである。古代の阿吽の思想が、仁王（力士像）、ライオン（獅子）・狛犬に移植され、さらに獅子舞の無言劇へ展開していったのである。

なぜ阿吽思想を仁王と獅子・狛犬などの動物に附与したのか、理由や時代背景・伝播ルートなどに興味が湧くところである。この仁王と獅子・狛犬に焦点をあてながら順次明らかにしていきたい。

「仁王」は、寺の山門又は須弥壇（仏像を安置する台座）前面の左右両脇で度迫力忿怒の形相で伽藍を守護している「仏像」である。配置は一般的に向かって右側に配置されて開口している方を阿形、向かって左側に配置されて閉口した方を吽形と呼ぶ「阿吽」の形態になっている。阿形は、金剛・金剛力士・那羅延金剛などと呼ばれ、吽形は密迹金剛と呼ばれている。仁王の配置は例外的に左右逆も存在する。東大寺南大門の仁王像は右に吽形像、左に阿形像を置き一般的な配置と異なりしかも二体の像は向き合うように配置されている。（密迹の密はぴったり閉じる意味がある）

　仁王の阿形・吽形の配置については、仏教学に詳しい中村元氏は『図説仏教学事典』に於いて、左は密迹金剛、右は那羅延金剛で、密迹は口を開き那羅延は口を閉じ阿吽の呼吸を表していると説明され、諸説があるとも書かれている。

仏像の発祥は、クシャーナ朝カニシカ王（在位AD130年〜170年）が仏教を篤く保護しガンダー

ラ（梵・Gandhāra）で始めたものである。

　クシャン帝王の王権神格化のため王像の必要性が発生した。ヒンドゥークシュ山脈（現アフガニスタン領）北西方のスルフコタルとインド中部のマトゥラーに王朝の神殿を建設することになり諸仏像が彫像された。

　ガンダーラは、古代インド北西部、インダス河上流の地域で、現在のアフガニスタン東部からパキスタンの北西部ペシャワール（Peshawar）を中心とする地域に存在した古代王国で紀元前6世紀~11世紀まで存続した。

　仁王像の由来は、釈尊の身近にあって護身の役を担う単独の裸形尊像でインドの門衛ドゥヴァーラパーラ（Dvārapāla）からきている。

「仁王」は、帝釈天からの分身・執金剛神という一体（独尊）の守護神であった。戦闘など非常事態には、分身し阿形の那羅延堅固王と吽形の蜜迹金剛力士の二体に生まれ変わり、阿吽両者の合力が仏敵を調伏するのである。

「獅子・狛犬」は、神社や寺院の入口の両脇や本殿正面の左右に一対で向き合う格好で配置されている。向かって右には獅子が口を開けている阿形で、

向かって左には一本の角がある狛犬が口を閉じた吽形になっている。従い左右は其々別な動物である。また獅子・狛犬の向きは参拝者と向き合う形式になっている。神社の門前に置かれている獅子・狛犬は、一方は獅子でもう一方は犬の呼称である。「**似て非なる**」動物である。犬と呼ぶが一本の角があり犬に該当しない。モデルは一本角の動物で、犀かそれに似た動物である。古代に獅子と犀は日本におらず、オリエント・インド文化がシルクロードを通り中国・朝鮮半島経由で東漸し日本の宮中に取り入れられた。当初は宮中の御簾や几帳の鎮子に用いられた。さらに古代インドにおいて獅子を強いもの・高貴なものの象徴として神の化身とみなし、獅子を聖者の乗り物とする信仰が生まれた。これによって仏陀が説法する場所が**獅子座**となり、この思想を取り入れ邪魔を圧倒する霊力を獅子に認め王座の左右を守護する霊獣となり定着したのである。

　中国に入った文化がいくつかの道筋を経て日本の天皇家に伝わったのである。天皇家の御帳台などの調度品や即位式に魔除けのお守りとして使われ、その後各地の神社に伝わったのである。日本は飛鳥・奈良時代に遣隋使・遣唐使を送り出していることからこれらの文化を積極的に吸収している。

　仁王と獅子・狛犬の神社・仏閣における守護役割

は、明治元年、神仏分離政策によって、祭神の守護は獅子・狛犬で、本地仏（仏像）の守護は仁王が担う分担が成立した。

　神社の祭りでは、獅子頭をかぶって獅子舞が奉納される。五穀豊穣の祈願や悪魔を払い清めるものとして今日でも各地の祭礼・行列で行われている。

　獅子頭をかぶりながら一人または二人さらには三人で長時間きつい姿勢で踊る無言劇である。まさに「**阿吽の呼吸**」が求められるのである。この獅子舞の起源は伎楽に求めることが出来る。伎楽のルーツは、ギリシャ・インド・西域、中国などの諸説がある。『日本書紀』によれば、6世紀に百済人が中国で学び、わが国にもたらされたとある。仁王と獅子・狛犬は、時空を超え今日においても「**阿吽の世界**」で脈脈と生き続けているのである。

第1章　阿吽の定義

　阿吽とは、国語大辞典『言泉』によると、

> 「梵語で仏語。阿は開口音で悉曇<ruby>悉曇<rt>しったん</rt></ruby>一二母音の
> 初音。吽は閉口音で終わりの音。密教ではこ
> の二字をもって法界万有を摂し、阿は一切が
> 発生する理体、吽は一切が終結する知徳を表
> わすとする。吐く息と吸う息。寺社山門の仁
> 王・狛犬などの一対で一は口を開き、一は口
> を閉じている。
> <u>また二人以上が一緒にある物事をするときの相
> 互の微妙な調子、気持ち。それがぴったり一致す
> ること。つまり二人の阿吽の呼吸があうこと」</u>[1]

とあり、

　まさに二人以上で行う仕事や多くのスポーツ等
で、相互の微妙な調子、気持ちがぴったり一致する
と成果が上がるのである。特にアーティステック(旧
名シンクロナイズドスイミング)・卓球のダブルス
など、リオデジャネイロのオリンピックで多くの聴
衆が感じたことである。

　また昨今、海外から注目されている人形浄瑠璃の

上演であるが、これは遣り手・三味線・語りの三者の呼吸がピッタリ合うことが前提になっている。

さらに『仏教大事典』の解説によると、

> 「阿吽の二字は一切の文字音声の根本、阿は開聲、吽は合聲、一切の言語音聲は、儘く此二に帰す。阿は大日如来の種子。吽は金剛薩埵の種子。
> 阿字是昆盧遮那、吽字是金剛薩埵。また阿は菩提心の義。吽は涅槃の義、即阿吽の二字は菩提涅槃の二。」[2]

とあり、特に阿吽の二字は**菩提涅槃**とあり重ねて説明している。

　菩提の意は、煩悩を断って得られた悟りの智慧、涅槃の意は煩悩を解脱した悟りの境地。種子の意は根本の事である。

　つまり悟りが大事であることがわかる。この悟りを国語辞典でみると次の説明がある。

> 「物事の道理をつまびらかに知る。推しはかって知る。察知する。
> 迷いを解いて煩悩を脱して涅槃を得る」[3]

とあり、阿吽の根源に迫る説明がなされている。

阿吽の文字

「阿吽」の文字は、梵字の字母である悉曇「（梵
Sīddhaṃ）の音訳」文字で書かれている。インド
の音声に関する総称である。

　悉曇文字には子音字と母音字があり、子音字に母音
が付く場合は子音字に点画を書き加える形体になる。

　悉曇文字はインドにおいてあらゆる文字の根源で
あるブラーフミー文字から発展したグプタ文字の一
つとされている。

　悉曇の意味は「吉祥を成就する」という密教的解
釈がされている。密教と結びついて7~8世紀以降
東アジアに伝播した。

　日本で梵字は、仏教寺院で伝統的に使用されてき
た悉曇文字を指す場合多い。天平年間（729-749年）
に唐僧・遣唐使によって伝来したとみられている。

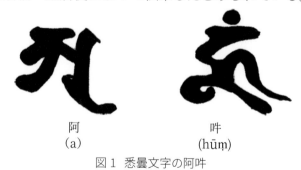

阿
(a)

吽
(hūṃ)

図1　悉曇文字の阿吽

　次に阿吽に関連する「悟り」について、仏教の世界観、宇宙観を見てみたい。

仏教の世界観・宇宙観

　人の一生は苦であり永遠に続く輪廻のなかで終りなく苦しむことになる。仏教の目指すところは衆生の苦しみを和らげることにある。

　仏教に於ける世界観・宇宙観とは、我々衆生を取り囲む時間的、空間的な一切の仕組みについての見方である。つまり過去・現在・未来の三世を意味する時間的広がりと、東西南北・上下の空間的広がりのことをいう。仏教が説くその世界は二つの世界に分類している。

　それは、輪廻する世界と輪廻しない世界である。その二つの世界を対比させて「迷いの世界と悟りの世界」、「此岸と彼岸」、「煩悩の世界と涅槃の世界」等と呼んでいる。この二つの世界の違いを理解するには、輪廻の意味を理解することが大事である。

　その輪廻の意味を、国語大辞典『言泉』でみると、「衆生が三界六道の迷いの世界に生死を繰り返す」とある。つまり、生き変わり、死に変わりすることで、霊魂が転々と他の生を受けて迷いの世界を巡ることである。つまり輪廻の世界を六つの行き先・趣くべきところに分類している。

この六つの行き先・[六道]を『言泉』でみると、「すべての衆生が生前の業因によって生死を繰り返す六つの迷いの行き先。すなわち地獄、餓鬼、畜生、修羅、人間、天上をいう」とある。

つまり、輪廻することはこの六つの行き先を生まれ変わり死に変わりすることを意味している。

一方輪廻しない世界とは、上記とは正反対の世界をいい、一切の迷いや煩悩から解き放された「悟りの世界」「仏陀の世界」であり、大衆が極楽浄土と呼ぶ世界をいう。そして二度と輪廻することの無い世界へ到着することを「解脱」という。

輪廻と解脱の関係は、相互補完的である。その双方の観念に基づいて、インド人の世界観や人生観が醸成されたのである。

結論として、仏教の教えは「輪廻の世界」からの「解脱」にあり、どうすれば「悟りを通じて」「仏陀」になり極楽浄土に到達出来るかということである。これを釈迦が我々に教授してくれているのである。

仏教の宇宙観と天

仏教の宇宙観と天について田中義恭・星山晋也氏が明瞭な説明をされているので、次に引用させていただく。

「仏教では、宇宙を下から上へ欲、色、無色の３界に分け、人間界は欲界に属す。欲界とは「欲望のある者の世界」の意味で、この世界はさらに下から地獄、餓鬼、畜生、阿修羅、人間、天上の六つに分けられ六道あるいは六趣と呼ばれている。この「道」、「趣」とは梵語の「ガテイ」の訳語で「行くべきところ」とか「趣くべき境遇」の意味である。すなわち、生存中の所業の善悪によって再生すべき境涯を意味する、いわば輪廻の世界である。六道の最上階にあたる天上界には四天王天、三十三天、夜摩天、兜率天、化楽天、他化自在天の六欲天があるとされ、この内、他化自在天のみが仏教独自のもので、他は何れもバラモン教やヴェーダ神話の所産である。

　色界とは「物質界」のこと、六道の諸欲を超越した者が住む清浄な世界。無色界とは、「物質（色）を超越した世界」のこと。精神的要素からのみなる世界、物質を厭い離れて禅定に住する者の世界である。色界は十七天、無色界は四天、そして欲界の六天を加えて三界には、計二十七天があるとされる。これらの諸天は元来人間が善行を積んで到達する悟りの境地に至る修行の過程をあらわすもので

あったが、仏教の展開の中で、地上に対して具体的に空間に存在する場所として位置づけられ、それぞれの天を司る諸尊が住んでいるとされた。（中略）

　天部諸尊の場合は、元来インドにおいて現世利益の神々であって、しかも仏教の中では如来や菩薩に比べて人間に近い存在であり、親近感をいだき得る神として特殊な信仰を集めたといえる。天部諸尊の場合は観音菩薩のように、利益の範囲が広いのに比べ、限定されているのが特徴である。

　戦神・毘沙門天、豊穣神・吉祥天、福徳神・弁財天、財宝神・大黒天、護方神・四天王、寺門神・仁王（金剛力士）、安産神・鬼子母神（訶利帝母）などの諸天がその代表的なもので、人々に親しまれてより直接的、具体的な現世利益を期待され信仰を得ている。しかし、多くの諸天は独立した信仰を得ることはなく、仏法の守護神として如来や菩薩に随侍して描かれたり造られたりすることが多い。」[4]

とあり、

　仏教の宇宙観の説明を含め、天部諸尊、寺門神、仏像、仁王、金剛力士に繋がる解説で理解を助けて

くれる。

　上記の解説に関連し仏教に敵対する儀礼（防御・追い払う・調伏）が次の密教誕生の項に説かれている。

密教の誕生

　密教とは、宇宙の根源仏である大日如来を本尊とする「秘密の教え」を略して密教といい、この世の万物の奥に人知で知り尽くせない深遠なものが働いていることを意味している。大乗仏教の思想を基盤にヒンドゥ教の影響もうけている。密教の誕生背景は、除災・招福・雨乞いなど日常の世俗的な願望を叶える必要から、古代インドで伝えられていた呪術の要素をとりこんでいる。その儀礼は、国家安泰を祈る息災、五穀豊穣を祈る増益、仏教に敵対するものを防御・追い払う・調伏の３つであった。

　この初期密教は４世紀に早くも中国に伝わった。７世紀には中期密教の時代となり密教の物質的な原理を説く『大日経』（西インドで成立・唐の善無畏訳）と、実践法を説く『金剛頂経』（不空訳）が著わされた。この経典によって体系化が進んだ。中国に留学していた日本の空海・最澄などが学び、日本に持ち帰り伝えた。最澄の法経を台密、空海の法経を東

密という。

　上記本文に記載している儀礼の中に調伏(ちょうぶく)(ダッマ・
Damma）がある。その調伏を『言泉』でみると、

　　　「心身をととのえて、悪行や煩悩などを除く
　　　こと、また敵意ある人を心服させ、障害を破
　　　ること」[5]

とあり、仁王設置に繋がる説明である。

＊密教の伝播

　中国への伝播は、インド東部の烏荼国（オリッサ
地方）生まれの善無畏(ぜんむい)が、ナーランダー寺院で顕教
と密教を学び、陸路、西域地方を経由し716年、
唐の都・長安に入京した。シャカ族の血統に連なる
善無畏は、玄宗皇帝の信任を得て中唐から晩唐にか
けて中国に広まった。

　日本には平安初期に空海・最澄・常暁・円行・円
仁・恵運・円珍・宗叡などの遣唐使によって伝えら
れ、桓武天皇の信任を得て重用された。貴族などに
広く信仰された。

　次に仏教の主聖地と仏像が誕生したガンダーラと
マトゥラーの位置を概略地図で記す。

ガンダーラ・マトゥラーとインドの仏教主聖地

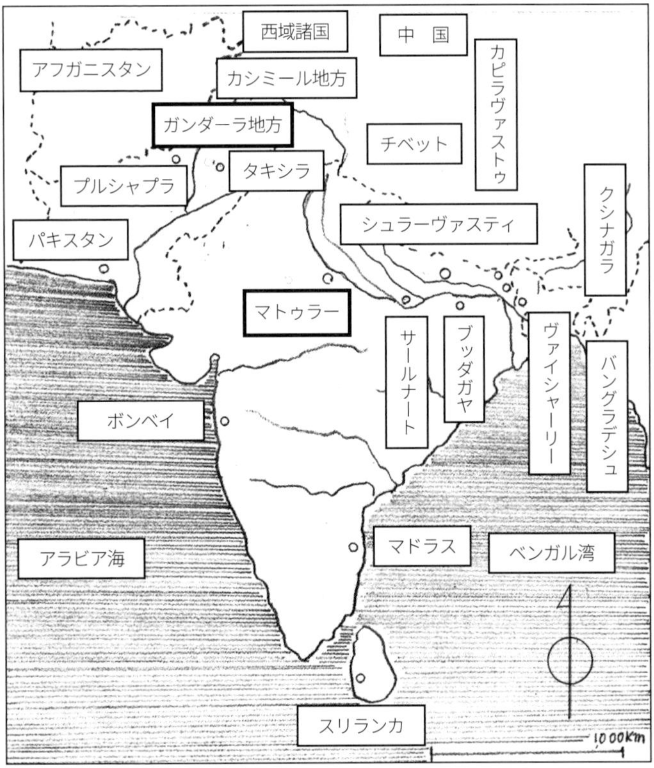

図2 ガンダーラ・マトゥラーとインドの仏教主聖地

ゴータマ＝シッダールタ（仏陀）の生涯

　仏教の開祖ゴータマ・ブッダは釈迦族の出身である。ゴータマは姓で最上の牛を意味する。幼名をシーダッタ（サンスクリット名はシッダールタ）といった。

年代	年齢	特記事項
BC563 頃 異説あり	0 歳	4月8日ネパール地方のルンビニの園で生まれる。 父はシャカ（釈迦）族の王シュッドダナ。母はマーヤー（コーリヤ族出身）、デーヴァダハの城主スブーティの娘。 母は7日後、産褥熱で死去。叔母にカピラ城で養育される。
BC546	17 歳	コーリヤ族・王女ヤショーダラと結婚。男児ラーフラをもうける。
BC534	29 歳	人生の悩みの解決を求め出家。断食などの苦行を行う。
BC528	35 歳	体力は村娘スジャータの乳粥で回復。ブッダガヤーの菩提樹の下で静観思索の末、悟りを開く。以来45年に亘りインド各地を布教した。 ベナレス（benares）郊外のサールナート（sārnāth）の鹿野苑で初めて説法をする。
BC527	36 歳	コーサラ国に祇園精舎（修行のための宿泊施設）を建設。 寄進を受けた（筆者注）
BC523	40 歳	父王死す。シャカ族、コーサラ族に滅ぼされる。
BC483	80 歳	2月15日、ネパールの国境に近いクシナガラで80歳の生涯を閉じた。（食あたりによる）

表1 ゴータマ＝シッダールタ（仏陀）の生涯

第 2 章　阿吽の源流

2-1 獅子・狛犬と阿吽

　獅子・狛犬の特徴は、一般的に向かって右側の獅子像が「阿形」で口を開いている。左側の狛犬像は「吽形」で口を閉じており阿・吽の形式になっている。

　フランスのギメ美術館には、中国敦煌莫高屈から出土した唐時代の織物に、一対有翼獅子像が向かい合い「阿吽で雲気」を吐いている図が所蔵されている。先年、我が国でも公開された。ただこの一対の獅子は有翼である。オリエント・インド・中国の古代の世界観が現れている。阿吽と雲気は一体のものとして捉えられている。

　絵は左右均等の構図である。上部左右に二羽の鳳凰が描かれ、中央には香炉が置かれている。香炉をはさみ阿吽二頭の獅子が蹲踞(しゃがむ)している。二頭の獅子から雲気が吐き出されている。この雲気は香煙と対応しつつ空間を充実させている。

2- 2 阿吽の形成背景 [(一～六) の語句について次ページ以降に説明]

　獅子・狛犬は阿吽の呼吸を表していると言われ

ている。この呼吸は「気」に繋がるものである。狛犬の研究をされている上杉千郷氏は、次の見解をされている。根拠になる有力な考え方であるのでそのまま引用させていただく。

「仏教において如来の肩口から雲のような「気」が溢れ出し、やがて如来の身辺を包む。これが光背となるように、仏教にも大きな影響を与えている。

中国古代の世界観において、「気」は生成力をもつ眼にみえない因子と考えられていた。後漢の初めに編纂された『淮南子』「天文訓」（一）には、中国的な創世観が詳しく、しるされている。「気」が集積するところに物が生じ、そこに生まれた聖なるものはまた「気」を多く発するものであった。霊獣や瑞鳥と並んで神仙はその最たるものである。インドから中国に伝えられた仏教は、この中国人が発想した最高の境地に達した者である**神仙**（二）を仏に置き換えた。したがって仏は「気」を発するものとして理解され、光背は火炎が燃え盛るような激しい気勢を表すようになる。仏教の背景には古代インドの創世観が存在している。インド古代神話『**マハーバーラタ**』

（三）には、根本神である**ヴィシュヌ神（四）**
の臍から蓮華が生じ、そこに**ブラフマー（五）**
が生まれ、彼が万物を創造したという。後に
このブラフマーが仏に置き換えられ仏像に
なった。

仏の威力は、頭上に強い光を発する鏡を中心
に持つ大蓮華に象徴され、そこから無数の小
蓮華が生じやがてこれらが天人や鳳凰に変成
する。これが、**ペルシャ・ゾロアスター教（六）**
に説かれる「光」の思想などと一体になり、我
が国へ仏教思想としてもたらされたと考える。

仁王の阿吽の表情の発生にしても、唐三彩の
人面獣身の鬼頭の阿吽にしても、一対の像に
その精神的象徴を表現する場合、その世界観
によって演出するのは当然である。

中国の戦国時代の青銅製の一角獣に、体の皮
膚が鮫の膚のような模様のものがある。それ
は気の表現であり、その獣の神聖を誇張した
ものとみられる。仏の天蓋のように、王の身
辺を守る霊力溢れる霊獣の表現として、一対
の動物に具体的に示され、阿吽の表情を取り
入れた。この思想が我が国に入り、仁王との
からみもあって獅子狛犬に定着したと考えら
れる。」[6]

とあり、**犀等一角獣の皮は堅くて100年の耐久性がある**ことから、その霊力を獅子・狛犬に付与したことを覗わせる内容である。犀のパワーについては後段で一角獣の考察について記述する。

　古代西北インドのガンダーラ一帯は、アケメネス朝の時代にはペルシャの一属州であり**ゾロアスター教（六）**の影響が約200年間続いたので上記のような思想は十分に醸成されていたと考えられる。

＊＊上記文 語句説明
（一）『淮南子』「天文訓」
　中国、前漢高祖の孫で淮南王の劉安が編著した哲学書。21巻が現存する。正式書名は『淮南鴻烈解』。

（二）　神仙
　神または仙人。修行して神通力を得た人。人間の最大寿命を最大限に生きた人が仙人とされた。これらを認識した古代中国の方士は、老化の進行を遅らせ、また最大寿命に近づける道を探ったのである。

　神仙の仙は「僊」と書き不老長生を求めて山中に修行する人のことで、斉国・燕国の渤海湾に臨む山々を祭る「八神」の信仰から起り、それを祀る巫祝（神事を司る人）によって、蓬萊・方丈・瀛州の三神山伝説が生まれた。そして道教の起源をなす思想に繋

がった。

　八神とは、不老長生の人生観が敬天という民間信仰に結びついて出来た斉の思想で、各地に霊山が定められてそこに理想郷を見出す信仰になっていった。
　『史記』巻 4（八書）「封禅書」によると、

「於是始皇遂東遊海上、行禮祠名山大川及八神　求遷人羨門之屬　八神將自古而有之、或曰、太公以來作之。齊所以爲齊、以天齊也。其祀絶莫知起時。
八神、一曰天主。祀天齊。天齊淵水、居臨淄南郊山下者。二曰地主。祠泰山梁父。蓋天好陰。祠之、必於高山之下小山上、命曰畤。地貴陽。祭之必於澤中圜丘云。三曰兵主。祠蚩尤。蚩尤在東平陸監郷、齊之西境也。四曰陰主。
祠三山。五曰陽主。祠之罘。六曰月主。祠之萊。山皆在齊北、竝渤海。七曰日主。祠成山。成山斗入海。最居齊東北隅、以迎日出云。八曰四時主。祠琅。
琅邪在齊東方、蓋歳之所始。皆各用一牢具祠。而坐祝所損益、珪幣襍異焉。

通釈

「泰山梁父に封禅してから、そこで始皇帝は遂に東の海上に遊び、行く行く名山大川や斉の八神を礼式通りにお祠りし、仙人の羨門といったともがらを求めた。八神ということはずっと昔からいわれたようであり、あるいはまた斉の太公以来言い出されたともいう。斉の斉といわれる理由は、天にある臍のようであるからという。そして八神祀りは絶えてその起きた時をしらなかった。八神のその一は、天主といい、天斉を祀る。天斉とは天淵水のことで臨淄（りんし）の南郊の山の最下に在る。その二は地主という。泰山と梁父山で祀る。

思うに天は陰を好むから天を祀るのには、必ず高山のふもとの小山の上でするのであろう。その祀る場所を畤（し）（祀りの庭）と呼んだ。地は陽を貴んだ。

ゆえにこれを祀るのは湿地の中の円丘でしたという。その三は兵主という。

蚩尤（しゆう）（黄帝時代の諸候）を祀る。蚩尤の冢（ちょう）は東平陸の西境の藍郷にある。

その四を陰主といい三山をまつる。その五を陽主といって之罘山（しふ）で祀る。その六を月主といい、之莱山（しらい）をまつる。この二山は斉の国の

北部に在って、渤海にそって並び立っている。その七を日主といい、成山をまつる。成山は突出して海に入っており、斉の東北隅にある。日の出を迎える山だという。その八を四時主という。琅邪で祀る。琅邪は斉の国の東方にあり、年の始まるところという。」[7]

とあり、中国の戦国時代を統一した秦の始皇帝はこの神仙思想の不老長生を祈願するため八神の巡礼を行っている。

　この巡礼はのちに日本の四国をはじめ各地方の巡礼思想の源流に繋がったと考える。

(三)『マハーバーラタ』(Mahābhārata) サンスクリット (梵)

　古代インドの大叙事詩、18 編 10 万頌。口伝であったバララ族の二王族間の戦いの物語が 4 世紀頃に纏められたもの。神話・伝説・宗教・哲学・法律・道徳などに関する多数の神話を収める。ヒンドゥー教の根本聖典とされる。

(四)　ヴィシュヌ (Viṣṇu) 神…仏教名は那羅延天。

　ヒンドゥー教の神。宇宙が出来る前にヴィシュヌ

は竜王アナンタの上に横になっており、ヴィシュヌの臍（へそ）から、蓮華が伸びて行きそこに創造神ブラフマーが生まれ、ブラフマーの額から破壊神シヴァが生まれたとされている。

（五）　ブラフマン（Brahman）

インドのバラモン教思想で説かれる宇宙の根本原理。宇宙の万物がこれによって創造されたと考えられている。

（六）　ペルシャ・ゾロアスター（Zoroaster）教の「光思想」

紀元前6世紀の予言者ゾロアスターを開祖とする古代ペルシャの民族宗教。

3世紀のササン朝ペルシャ時代の国教。中国には南北朝時代に伝わった。偶像ではなく火を最高神の神聖な象徴として崇拝するので拝火教・祆（けん）教と呼ばれた。ササン朝ペルシャ時代に最終的な編纂が行われたゾロアスター教の聖典「アベスタAvesta」を経典とする。

経典の概略は、世界の初めに善・悪の二神が存在し、光明・生命・清浄の神アフラ＝マズタと暗黒・死・不浄の神アングラ＝マイニュとの戦場がこの世であるとし、究極的に善神が勝つと説く道徳的色彩の濃い宗教。

2-3 獅子・狛犬の語源

　獅子・狛犬の語義は諸説がある。古代に朝鮮半島を中継点とし日本に伝来したので高麗犬（こまいぬ）と呼ばれたり、魔除けに用いたので拒摩犬（こまいぬ）、狛犬などと呼ばれたりしている。

　日本は、飛鳥・奈良時代から中国の文化を積極的に導入した。中国から将来した鏡や剣・仏像・仏具に描かれた獅子∥ライオンは日本におらず、既存の動物で、姿も護衛という役割も似ている犬の同類と考えられた。名前は大陸から渡来したので「狛犬」と命名された。

　本来は獅子であったものが幾多の中継地点によって犬の名前が定着したのが一般的である。

　「狛」を「こま」と読むのは高句麗を建国した種族がツングース族の滅貊種族であったからである。漢民族の世界観は自国が中華で周囲の国の異民族は禽獣（きんじゅう）に近いとみなし、北狄・獫狁（けんじゅう）・狗奴（くぬ）など、すべてに獣編の字を当てている。

　「狛笛」があるが、それは雅楽に用いる横笛である。百済から伝えられたとあるが源流は西域に起源がありそうである。

2-4 獅子・狛犬の左右配置の原点

　中国の王朝では、皇帝は南を向いて座る。従い左は常に東になり、右は常に西になるのが通例である。

太陽の昇る東は、太陽の沈む西より上位と位置づけたため左が右より上位の考え方が定着したのである。これらの慣習はやがて日本に導入された。

　これはやがて日本の律令制度として太政官の地位が確立した。左大臣は国政を総理する最高の職であり右大臣よりも上席である。

　上記のことから、獅子・狛犬の位置は、上位の左（向かって右）が獅子で、下位の狛犬が右（向かって左）に定着したと考える。

2-5　獅子舞

　獅子頭をかぶって行う舞で、唐代に中国から我が国に伝わった。伎楽と舞楽として行われた。多くは一人から三人で舞う。五穀豊穣の祈祷や悪魔を払い清めるものとして大神楽などで行われた。今日でも各地の祭礼行列に行われている。

図 3 獅子舞図

語　訳
＊仏教

釈迦の説いた仏となるための教え。世界三大宗教の一つ。紀元前 5 世紀インドのシャカ族出身のゴータマ＝シッダールタが悟りをひらいて釈迦牟尼仏となり教えを説いたことに始まる。人間のいろんな苦しみや悩み（煩悩）の解決方法を説いた教えである。人生は苦であるということから出発し八正道（正見・正思惟・正語・正業・正命・正精進・正念・正定）の実践により解脱して涅槃に至ることを説く。

紀元前 3 世紀のアショカ王によりインド各地のみならず東アジアに広く伝播した。

紀元前後に大乗仏教として発展した。それまでの伝統仏教は上座部仏教とよばれ、スリランカ・ミャンマー・タイなど南アジアに普及した。大乗仏教は中国・チベット・朝鮮に伝播し、日本には 6 世紀に伝来した。

＊「牟尼」[（梵 muni）の音訳] とは、サンスクリット語で「聖者」、又は心身を清め沈黙行を修する行者の意味。

第3章　獅子・狛犬の源流

　日本・中国にはライオンは生息していないので、獅子・狛犬の源流はさらに西方である。シルクロードを通って入ってきたオリエントの獅子像と、インド仏教の獅子座からシルクロードを通り入ってきた二とおりの源流がある。

　従い中国で二つの獅子の概念が融合したのである。そして時代とともに独特の唐獅子という霊獣に生まれ変わっていったのである。

　ライオンは英名である。ラテン語のレオ（leo）に由来する。またサンスクリット語ではシンガ（Singa）、ギリシャ語では、スフィンクス（Sphinx）と呼ばれていた。北アフリカやオリエントに多数のライオンが生息していたのである。

ライオンの生息地

　ライオンの生息地は、アフリカ・ヨーロッパ南東部からトルコ・イラク・イラン・パキスタン・インドにかけての南西アジアに広く分布していた。

　古代エジプトには多数の野生ライオンがいた。ナイル河下流域には水場と草原が多数あり、ライオンの好物であるガゼルなども多く棲んでおり自然環

境が整っていた。ギザ周辺は絶好の狩猟地であった。ライオン狩は王家の義務であった。王と王子は狩猟によって、体力・智力・武勇を国民に証明する必要があった。装備の武具は弓と槍である。さらに護衛・狩猟部隊を編成して実行した。

　次に古代エジプトのナイル河増水時期とライオンの関わりについて記すと、

　　　「古代エジプトでは、太陽が獅子座に入る８月にはナイル河の増水が始まるため、泉や水源にライオンの頭を模した彫刻を飾った。この風習がギリシャ・ローマに伝わり浴場などで口から水を吐くライオンの意匠が使われるようになった。こうして太陽と関連づけられたライオンは、エジプトでは人面でライオンの身体を持つ、スフィンクス、アッシリアでは有翼のライオンとして神格化された。いずれもが力と知恵の象徴となった」[8]

とあり、
　当初はナイル河の増水や氾濫の警告に使用され、後に史上最強の動物として支配者に受け入れられ守護神として活用されてゆくのである。

古代オリエントの王は強さを象徴するためライオンをモチーフに王座の脚部や肘掛けに導入し膝下にライオンを組み伏せるなど威厳を表わしたのである。

　その代表例が、エジプト・ギザのピラミッドに座る人頭獅身の石造スフィンクスでピラミッドを守護している。

　スフィンクスは全知全能の動物で、知能は人間の頭脳を持ち力は百獣の王である。また空も飛べる翼も持っていたのである。（図4）

　次にギザのスフィンクスの図4とギザの地図／図5を掲載した。

　＊ギザ（Giza）の位置は、カイロ南西6Km、ナイル川西岸の首都圏のベットタウンと古代遺跡がある。市街の南西10ｋmに第4王朝のクフ・カフラー・メンカフラー3王の「三大ピラミッド」をはじめ9基

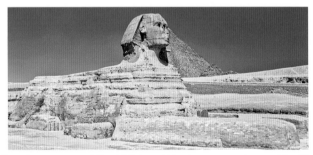

図4 カ・フ・ラ-王のピラミッドと大スフィンクス　ギ-ザ
PYRAMID OF KHA-F -RA AND GREAT SPHINX GIZA OLD KNGDAM

のピラミッドとスフィンクスがある。イスラム時代初期には、デルタ地帯からの外敵侵攻に対する防衛線がここに敷かれ、この地方最大の中心地として繁栄した。

　大スフィンクスは真東に向いている。王の太陽信仰に由来している。寸法は、長さ57m、高さ20m、顔の長さ5m、鼻の長さ1.7m 耳の長さ1.37m という巨像である、ギザの石灰岩丘陵に彫刻されている。

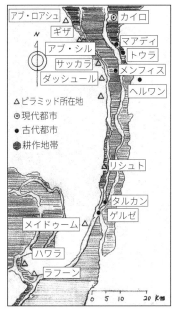

図 5 エジプト北部　ナイル河畔ピラミッド所在地と古代都市

　このライオン・スフィンクスの形式が、シルクロードを東進しトルコ・イラク・イラン・パキスタン（ガ

ンダーラ)・インド・ネパール・ミヤンマー・ラオス・インドネシア・中国・韓国・タイ・ベトナム・沖縄・日本へと伝播したのである。

3-1 オリエント

　西洋文明の多くの特色をみると、その源流はオリエントの諸地方であることがわかる。この地域で狩猟・農耕民の小集落から最初の都市へ発展した。

　オリエントという言葉は、ラテン語のオリエンスで、日の昇る方向・東方を語源にして、ローマ人はそれによって、地中海東部や、さらにその東方を表わした。

　チグリス河とユーフラテス河に挟まれたメソポタミアは、古代オリエントの中心であった。蛇行するこれら2本の大きな水路は、遠隔地を結びつける主要な交通路であった。また灌漑によって焼け付くような沖積平野を農作と放牧と穀物生産に適した肥沃な土地に変え、人と動物のための食糧を生み出す水資源であった。

　古代エジプトやチグリス‐ユーフラテス河上流地域などメソポタミアでの神を守るライオンの像もその源流とされる。その事例がスフィンクスである。

　古代のオリエントには、ライオンが数多く生息していたので人々の移動に伴い伝承されたのである。

図 6 ポアズキヨイの獅子門・城門を守護する獅子

上記の写真は、

　トルコ・新ヒッタイト時代のボアズキヨイの獅子門
である。城壁の古代名はハットゥシュシュと呼ばれ、
現存する遺跡の南西門。紀元前 14 世紀の遺構である。
入口の左右に一対のライオン像が刻まれている。左右
双方ともに口をあけて城を守る威厳を示している。ボ
アズキヨイは、首都アンカラから東へ約 145km に位
置する。20 世紀から発掘が始まっている。ヒッタイ
ト帝国の首都であったことが確認されている。

　今日、日本の神社の門前で神威を守護している獅
子・狛犬の源流がここにあったのである。

3-2　インド仏教文化から中国へ伝播

　インドは、「インディア」または「パーラット」と称されている。インドという名の起こりは、インダス河に由来しているといわれている。

　古代インドで、仏の両脇に守護神としてライオンの像を置いている。

　百獣の王の象徴として、仏教では人の王である仏の象徴とした。

　インドから仏教とともに獅子座の獅子が後漢の初期・紀元1世紀頃に伝わった。

　次の写真はインドの獅子の像である。この像がインドの国章の原点になっている。大きさは髙さ2,12メートルでサールナート（sārnāth）博物館に所蔵されている。

　サールナート（sārnāth）の遺跡は、1904年からインド考古局のオュルテルによって発掘された。この柱頭は美しく研磨され動物の形態を適格に表現している。意匠はインド化が現れている。獅子4頭寄せ合わせ、台座には獅子・象・牛・馬の四聖獣を配している。

　紀元前268年頃マウリア（Maurya）王朝の第3代・アショカ王（Asoka）（阿育王・阿輪迦王・阿淑伽

図 7　アショカ王法勅柱の獅子柱頭

王などと音写）は、パータリプトラ（Pātaliputra）に都を定めてインドを統一した。その勢力はシリア・エジプトにまで及んだ。仏教を深く信仰するとともに、その精神に基づく政治を行った。都のパータリプトラはマガタ国の首都。紀元前 5 世紀から約 1,000 年間、北インドの政治・経済の中心地として栄えた。

　摩崖・石柱の詔勅発布、寺塔の建立、法大官の設置、伝道師など仏教に関する事跡は多い。

　仏教の聖地であるサールナート (Sārnāth)・別称／鹿野苑と称する仏教遺跡に、記念碑を建てた。その石柱には 4 頭の獅子が円盤上に乗り、それぞれが東西南北を睥睨している。円盤の周囲には 4 方を守護する獣の獅子・象・牛・馬が彫られている。中央の法輪はインド古代文明の象徴であり道徳の

掟を表している。

　ヒンズー教の神々が獅子座に乗っていたように、仏教においても獅子は仏の威厳を表わすものとなっていった。

3-3 獅子座思想

　インドでは古代から獅子を強いもの・高貴なものの象徴として、神の化身と見なされてきた。2〜3世紀頃から獅子を聖者の乗り物とする信仰が生まれた。これらの思想に基づいて実際の仏像において仏の座席として獅子座がつくられた。これが獅子座思想である。

　この獅子座思想は、インド・ガンダーラを経由して、西域から中国に伝播する。中国に於いては皇帝の守護獣として獅子像が定着した。

3-4 中国紫禁城天安門の華表の獅子

　華表は紫禁城の南正門天安門の両脇に立てられている一対の一つである。材質は大理石である。華表とは、一種の門柱を象徴したもので、5〜6世紀頃には既にあった。柱頭には獅子の彫刻を置き、柱には龍と雲を豪華に浮き彫りしている。柱頭近くに左右に腕木を出している。

3-5 中国雲崗石窟の獅子

　雲崗石窟は山西省大同市西方にあり武周河北岸に位置する。洛陽の龍門石窟や敦煌の莫高窟と並ぶ中国三大石窟の一つである。

　この石窟は北魏王朝から 5 世紀後半に開削した仏教石窟寺院で、砂岩の断崖を 1km にわたり開削している。その数は約 40 窟がある。

　中国雲崗石窟・第 7 窟・北壁・仏龕（岸壁や仏塔の下に彫りこむ）には獅子が彫られている。

第4章　獅子・狛犬の特徴

4-1 獅子が採用された背景

　農家の天敵は、古代も現代も鹿・猪・猿・鳥等の動物である。ましてや古代は収量率の低い時代である。田畑・果樹園で手塩にかけて作った作物・果物が熟した頃に、これらの動物に狙われ食い荒らされてしまう根本的な問題があった。

　しかしライオンの居る地域では、ライオンは肉食動物のため畑・果樹園の作物・果物は食べない。逆に農家の天敵である鹿・猪・猿を襲ってくれるので田畑・果樹園の有り難い守り神になっていた。

　なおアッシリアの地母神は梟(ふくろう)・蛇が付随することがある。この二種類の動物は、鼠や小鳥の天敵である。

4-2 アッシリア

　アジア西南部。チグリス・ユーフラテス川上流地域の古名。また、ここに建国したセム系アッシリア人の帝国（現在のイラク）。

　アッシリアは世界最初の帝国で、シルクロードに建国した。その起源は紀元前20世紀に遡り現在のイラク北部のチグリス河の中・上流地域を本拠とし

てメソポタミアの通商路を支配した。紀元前8世紀
〜前7世紀にかけて繁栄した。最盛期にはエジプト
を含むオリエントを支配した。

　アッシリア帝国滅亡後、リュディア（トルコ）・
メディア（イラン）・エジプトなど新バビロニア（イ
ラク・シリア・レバノン・ヨルダン）の4ヶ国に分
裂した。その後ペルシャ（イラン）が再統一し、西
はエジプトから東はバクトラ・インドに至るまでと、
ペルシャ湾岸のインド〜メソポタミアの通商路を確
保した。その後、ギリシャ人のアレキサンダー大王
に支配された。これによってギリシャの文明がペル
シャ・インド等東方一帯に伝播していった。

4-3 獅子（ライオン）の正倉院御物

　正倉院寶物に「白橡綾錦几辱」（しろつるばみあ
やにしきのきじょく）という織物がある。中央に大
きな花樹があり、その左右に向かい合う二頭の獅子
が後ろ足で立っている。さらにその両脇にそれぞれ
一人ずつの人物が描かれている。それらの人物と左
右対称の形式は、西域及びペルシャ方面の文様であ
る。ライオンの姿も中国模様でなくオリエント・アッ
シリアなどから直接伝わったままの姿である。

4-4 獅子舞との関連

獅子舞は、特に新年の祝い事として獅子頭をかぶり、笛・太鼓・鉦などではやして家々を舞い歩き米や銭を請う祭行事である。

オリエント・アッシリアから中国を中継国とし唐から伎楽(ぎがく)・舞楽(ぶがく)とともに伝わったとされている。伎楽は正月や神楽で舞われる。

＊伎楽＝外来の音楽を伴う無言仮面劇。西域地方の雑劇の一つ。推古天皇の 20 年（612）百済の味摩之が帰化し、呉の国で学んだ伎楽舞を伝えた。
＊舞楽＝舞を伴う雅楽。唐楽の伴奏で舞うのを左方の舞楽。高麗楽の伴奏で舞うのを右方の舞楽という。

4-5　狛犬（一角獣）の源郷（古典猟書）

狛犬には、一本の角がある。しかし犬には角がない。一角獣を『国語大辞典』で引くと、中国の伝説上の動物で「麒麟」の異名とある。

ヨーロッパには、身体は「馬」に似て、額に魔力を持つ 1 本の角が生えている「一角獣・ユニコーン Unicorn」がある。ただ伝説上の動物とされている。

中国の正史である『史記』1、本記　第 12「孝武本紀」に「兕＝じ」の文字がみえる。兕の説明は「野牛に似た一種の猛獣」とあり、一角獣である。

　また、中国漢代に書かれた最古の地理書といわれる『山海経』には、次の記述がある。

　　「兕 在 舜 葬 東、湘 水 南。 其 状 如 牛、蒼黒
　　一角。」[9]
　　「訳」、
　　兕は舜葬の東、湘水の南にあり。その状は牛
　　の如く、蒼黒にして一角。

とある。

　湘水は、湘江のことで中国の広西壮族自治区北東部にある霊川県にある、海洋山に源を発し北流して洞庭湖に注ぐ。湘江の流域は、長江の南側、南嶺山脈の北に広がっている。東は羅霄山脈が贛江水系との分水界になっている。西は衡山山脈である。つまり湖南省の流域である。この地区に「兕」のモデルになる一角獣が生息していたことになる。

図8 兕

さらに日本の古典・『延喜式』「自部省式」（祥瑞）
には、多数の動物が挙げられている。一角獣は、
麒麟・獬豸（鹿に似る）・天禄・兕等が掲げられている。
「兕＝じ」については、上記の古典によると、

　　　「形は牛の如し。蒼黒色或いは青色にして、
　　　一角あり、重さは二千斤」[10]

とある。二千斤は一斤＝ 600g とすると 1,200kg に
なる。大型の動物である。
　戦いには頗る強いイメージが湧く。

『角川大字源』に、「兕＝じ」の説明がなされている。
それによると獣の名で、古代の中国に野生して「水
牛」に似た一角獣とある。体は、青色で皮は堅く厚
いので鎧を作り角で杯をつくるとある。『延喜式』
の説明とほぼ同様である。
　ここまでの文献では、麒麟・獬豸（鹿）・水牛・
兕がモデルになっている。

　次に獬豸について記述すると、
　　　鹿に似て一角四足、能く曲直を別つ、薦（草）
　　　を食ひ、春夏は水沢に処り、秋冬は松柏（松
　　　と柏・つまり常緑樹）にいる。

図 9 獬豸

　次に犀について記述する。

　サイ科に属するほ乳類の総称。身体は巨大で体高1,2~2m。頭が大きく四肢は太いが比較的短い。鼻の上に 1~2 の角質で出来た角がある。足に 3 個のひづめがある。体色は灰褐色で皮膚は厚く毛は無い。熱帯の湿地や草原に棲み草食性。

　アフリカ犀は角が 2 本のクロサイとシロサイがいる。インドには一角のインド犀が分布している。インド犀の角は犀角と呼ばれ解熱剤に用いられた。

図 10 犀

次に『漢書』「西域伝」には、烏弋山離国に「桃抜」と「獅子」と「犀牛」がいることが書かれている。

　獅子・狛犬の源流を辿るべく、地理をはじめ当時の文化・習俗が理解できるので少々長いが引用させていただく。

　「烏弋山離国は、長安をさること一万二千二百里の所に王がおり、都護の管轄に属しなかった。戸・口・勝兵が多く、大国である。東北は都護の治所まで徒歩六十日の行程で東は罽賓国と、北は撲桃国と、西は黎軒国・条支国と接している。

　行程は百余日ばかりで条支国に至る。その国は西海に臨み暑熱湿潤なので、稲を耕作する。大鳥がいて、その卵は甕ほど大きい。人ははなはだ多く、往々に小酋長がおり安息国はこれを配下とし、外国並みに扱っている。

　人々は魔法を使うことにたくみである。安息国の長老は条支国に弱水があり西王母のいることを伝え聞いているが、またかって見た者がまだいないのである。条支国から川を舟で

西行すること百余日ばかりで、日の没する所に近づくという。

烏弋の地は暑熱の、莽蒼（あおあお）とした平地で、その草木、畜産、五穀、果菜、飲食、宮室、市場に連なる店、銭貨、兵器、金珠のたぐいはみな罽賓国と同じであるが、しかし桃抜・獅子・犀牛がおる。

習俗としてみだりに殺すことをはばかる。その銭はひとりこの国では人の頭を図柄とし、裏面を騎馬につくっている。金銀をもって杖を飾っている。絶遠の地で、漢使の来ることが希である。玉門関・陽関より南道に出、鄯善を経て南行し、烏弋山離国に至って、南道は極まる。北に転じて東のかなたに安息国に行ける。」[11]

とあり、烏弋山離国には桃抜・獅子・犀牛の記事があり、一角獣が存在した証明になったのである。

参考（秦・漢時代の１里は、498m。）

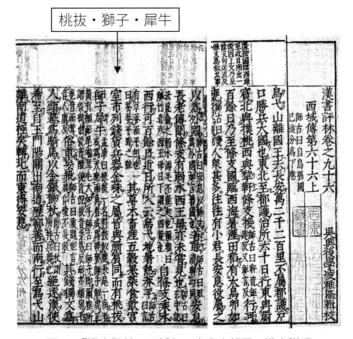

桃抜・獅子・犀牛

図11 『漢書評林』西域伝　烏弋山離国の漢文説明

　上記の『漢書評林』「西域伝」（烏弋山離国）文中に桃抜・獅子・犀牛がいるとある。補注には「桃抜は鹿に似た長尾一角の獣」[12]とある。

　以上からみて、獅子と一角獣が共に居た地域は、西域の烏弋山離国ということがわかる。

　つまり一角獣は、想像の獣でなく現実にこの地域に狛犬のモデルになる一角獣が生息していたのである。これが桃抜や犀牛・兜と称され日本の平安京までもたらされたのである。

図 12 桃抜

　烏弋山離国の位置は、東は罽賓国（ガンダーラ）と、北は撲桃国（アフガニスタン北部）と、西は黎軒国（エジプト）・条支国（シリア又はイラク）と接しているとあり、西海（黒海）に臨み、しかも莽蒼とした平地で暑熱湿潤とある。バクトリアの南、ガンダーラの西方でメソポタミアとの中間地域になる。現代の地理名に置き換えると、アフガニスタン南部の地域になる。

　紀元前 2 世紀の西域周辺国と烏弋山離国の位置を次の地図に示す。

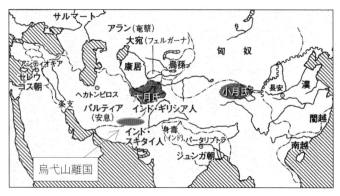

図 13 紀元前 2 世紀頃の西域諸国

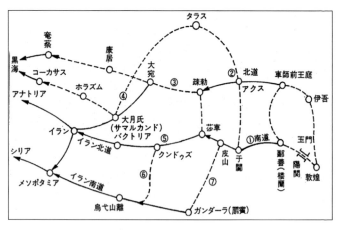

図 14 古代シルクロードの主要路

狛犬のモデル特定

　以上の考察から、狛犬のモデルは「犀」が有力であると考える。まず、１本の角があり、皮膚は1.5cm〜5cm も有り他の肉食獣の爪や牙を容易に通さず堅

牢である。寿命は 40 年〜 50 年と長い。体格は大きく体高は 1 〜 2 m もあり、神社の守護神の要求特性には申し分ない。また生息地は烏弋山離国（アフガニスタン）やパキスタン、インドに居たのである。

　他の一角獣で『山海経』に描かれている兕も牛に似た大型の動物で、重量は 2,000kg ある。敏捷さに欠けるようである。『和漢三才図会』に描かれている獬豸は小柄で力強さが劣るようである。『漢書』「西域伝」諸橋轍次著、『大漢和辞典』、「巻 6」に書かれている桃抜も体型は小さいので力強さに欠けるように思う。

　獅子・狛犬は悠久の時間をかけて周辺の国々へ、さらには世界へと伝播した。そしてシルクロードの東の終点である日本の奈良・京都まで伝わったのである。

第5章 獅子はシルクロードを経由、世界・日本へ

シルクロードとは、太古以来、アジアとヨーロッパを結んでいた東西交通路の総称である。

ただシルクロードという呼称は比較的新しく、命名したのはドイツ地理学者のリヒトホーフェンである。彼は1877年に名著『シナ（中国）』を著した。その文に紀元前114年から紀元127年にかけて、中国と西トルキスタン、中国と西北インドとの絹貿易を取り結んだ中央アジアの交通路をSeiden-strassen ザイデンシュトラーセンと名づけた。ザイデンは絹で、シュトラーセンは道のことで、その英訳名がシルクロードである。中国の代表的産物の絹（シルク）を運んだ道である。

さらにドイツの歴史学者アルベルト・ヘルマンは『シナとシリア間の古代シルクロード』を著した。その中で遥か西方のシリアまでシルクロードの名称を延長しようと思うと述べている。ヘルマンの主張は、1930年代にシリアのパルミラから漢錦が出土したのでその道の主張は証明された。

今日、このシルクロードは日本の奈良・中国・中央アジア・西アジアを経てイスタンブールやローマに達す交易・文化伝来ルートを指している。

　このシルクロードは、ユーラシア大陸の大動脈であった。モンゴル・タリム盆地・チベット・パミール・ソ連・トルキスタン・アフガニスタン・イラン・イラク・シリア等の国々と交流を支えた。

　この大動脈をダリウス・アレキサンダー大王、漢・武帝の使節、唐・太宗の使節、ササン朝の諸王、イスラム教主、チムール等が使命や本人の野望を達成するために通過したのである。

　またシルクロードは、世界のあらゆる文化圏を網羅する道路でもあった。東西の両極にはメソポタミア文明・エジプト文明・ホラズム文明・インダス文明・中華文明等の古代文明が栄えた。宗教文化は、ゾロアスター教・キリスト教・ミトラス教・仏教・マニ教・イスラム教等が流布し世界各地の文化に影響を与えた。

　シルクロードは東西文化の懸け橋であった。各地の文化はキャラバンによって東西各地に伝達され、さまざまな文化変容をうけながらも各地・各国の文化を向上促進させてきた。

　この道を通ってラクダが運んだものは、タリム盆地の楼蘭やシリアのパルミラから出土した漢錦、中国各地から出土した玉製品、ローマンガラス、イランの銀製品、ガンダーラ美術、中国陶器、イスラム陶器、ペルシャ錦などである。

また、この道は多くの旅人が往還した。東方から
は、張騫・甘英・法顕・韋節・玄奘・慧超・悟空等
が著名である。西方からは、ガルピニ・ルブルク、
マルコポーロ、イブンバットゥータ等が著名である。
古来シルクロードを往来した人物は無数といっても
いいぐらいであった。それらのなかには、商人・工
匠・兵士・宗教家・使節団・難民が往来し多数の人々
のドラマが生まれたのである。

　こうした人と物質文明の交流は東西の文化に大き
な影響を与えた。それが世界各地に伝播したのであ
る。多元的な文化は、仏教・マニ教・景教・ゾロア
スター教と結びつき総合的文化とし伝播した。その
意味ではシルクロードは、求道の道・伝道の道・衣
食住をもたらす文化交流の道であった。

　この道は、多くの国々と境界が密接に絡み合う古
代オアシス道路と幾つかの幹線と多数の支線から
なっている。

　主な道は、中国の長安を出発後、西進し蘭州で黄
河を越えると、河西回廊を経て敦煌に着く、その郊
外の玉門関と陽関が西域への起点であった。

　ここから天山山脈の南のオアシスを結ぶ北道と崑
崙（クンルン）山脈（タクラマカン砂漠の南側に横
たわる）の北麓を通る南道に分かれる。この地域に
ついて『漢書』「西域伝」には次のように記している。

それによると

　　　「玉門・陽関より西域に出ずるに両道がある。鄯善より南山の北に沿い、河に沿い、西行して莎車に至るを南道となす。南道は西に葱領を越えれば、則ち大月氏・安息国出る。車師前王庭より、北山に沿い、河に沿い、西行して疏勒に至るのが北道であり。北道は西に葱領を越えれば、大苑・康居・奄蔡に出ず。」[13]

とある。

　つまり、**第 4 章 p.52 図 14** に掲げた「古代シルクロードの主要路」に沿って記述すると、南道①は鄯善（ぜんぜん）から崑崙（クンルン）山脈の北麓を西進して莎車（しゃしゃ）に至るものである。そこからパミールをこえると、大月氏（アフガニスタン北部）や安息（イラン）に達する。

　北道②は車師前王庭（しゃし）（トルファン地方のヤールホト）から天山の南麓を西進して疏勒（そろく）に達する道である。北道は、葱領（そうれい）の北部をこえて、大宛（だいえん）・康居（こうきょ）・奄蔡に達する。康居は、シル川流域の遊牧民である。また奄蔡はカスピ海の北方に住むアラン族といわれる。

　タリム盆地からパミール高原を越えると道は複雑になる。主なるものは、次の五つである。③カシュガルから大宛を経て、ここで道は二つに分かれる。

一つは康居・奄蔡に至る。④もう一つは、大苑から
サマルカンド方面を経てイラン高原に達し、ここで
アナトリアに向かう道と、メソポタミアに向かう道
に分かれる。⑤南道の終点莎車からパミールを越え
バクトリアを経てメソポタミアに達する道である。
⑦タリム盆地の皮山からカラコルムを越えガンダー
ラ地方に至り、さらに西北に進み⑥と合流する道が
あった。この道は罽賓・烏弋山離道と呼ばれ古くか
らインド文化東漸の道として知られていた。初期の
仏教伝来もほぼこの道を通ってきたと見られている。
　他に敦煌と鄯善、鄯善と車師、疏勒と莎車、于闐
と阿久蘇を結ぶ道、阿久蘇からタラス地方を経てサ
マルカンドに至る道、サマルカンドからホラズム・
カスピ海、コーカサスを経て黒海沿岸に至る道など
が支線としてあった。
　このようにシルクロードは、東は中国と西は地中
海東岸・黒海沿岸を結ぶ通商路であった。
　シルクロードで活躍した商人は、古くから西トル
キスタンに住むソグド人（イラン系）やアルメニア
人が有名であった。
　オリエント・ペルシャのバグダード（Baghdad）
周辺から東へ向かった伝承は、シルクロードを経由
して美術・工芸・音楽・動物・植物・生活文化等が
西域諸国・中国・朝鮮半島にも伝来したと考えられ

る。そして日本の皇室や各地の神社に獅子・狛犬として収まったのである。

　西に向かったものは、王権の象徴となり神殿や宮殿を守るライオン像となった。また王家の紋章に採用された。

　シルクロードの開拓は、紀元前に中国・前漢の外交家・張騫と使節団の副使が長安から出発し西域の大苑・大月氏・烏孫まで 13 年の年月をかけ遠征し西域の珍しい文物・文化を持ち帰っている。

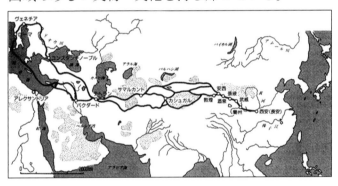

図 15　シルクロード全図　―ローマと長安を結ぶ―

ヘレニズム文化の流れ

　ヘレニズム（Hellentsm）とは、ギリシャ風の意味。ギリシャ神話 (Hellen) に由来する語。アレクサンドロス大王の東征により、東のオリエントと西のギリシャ文化が融合して生まれた。中心は、アレクサンドリア Alexandria（エジプト）・アンティ

オキア Antiochia（トルコ）・ベルガモン Pergamon（トルコ）・ロードス Rodhos 島（ギリシャ）等で、西はローマ帝国、東はインドのガンダーラ美術、中国の南北朝文化、日本の飛鳥・天平文化に大きな影響を与えた。

　ヘレニズムの流れについては、『新詳世界史図説』（浜島書店発行）が理解を助けてくれるので転載させていただきます。

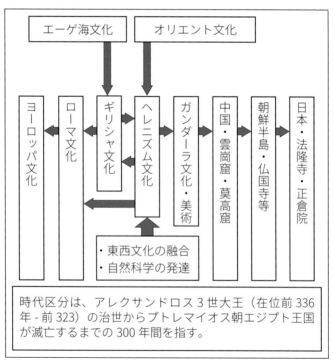

表 2 ヘレニズム文化の伝播

東アジアへの伝播

　紀元前3世紀、アショカ王が国内外に布教師を派遣し仏教を広めた。インド南部のセイロンに広まった。紀元前後にはすでに中央アジアに達した。タクラマカン砂漠の南北の両道沿いにつながる西域地域都市国家では早くから仏教が行われ、唐代まで継続した。クッチャ（亀茲国）、カラシャール（焉耆国）等の北路では主として小乗系、ホータン（于闐国）を中心とする南路では主として大乗系の仏教が行われていた。続いて紀元1世紀には「絹の道」（シルクロード）を通って中国に伝播したのである。

莫高窟

　ガンダーラで栄えた仏教は、やがて西域諸国一帯に広まり敦煌・雲崗・竜門など各地に石窟が開かれた。

　莫高窟は、シルクロードの仏教美術の宝庫である。また砂漠の大画廊とも形容されている。莫高窟の造営は、4世紀の中頃とされている。その後約1,000年間、元の時代まで続けられた。特に造営が盛んに行われたのは、6世紀から8世紀にかけてである。この頃日本に仏教文化が伝来し、奈良を中心に寺院が続々と建立され、日本の仏教文化が大きく花開い

た時代である。

　仏教がインドから中国に入るまでの間に中央アジアを通過しある程度その地方の色彩を帯びたものが中国に紹介されているのは自然の成り行きである。

　その後、中国人僧侶の法顕が399〜412年の間インドに留学し、直接その地の仏教を伝えた。またインド人を父として西域のクッチャ（亀茲国）に生まれたクマーラジーヴァ（鳩摩羅什、344〜413年）が長安の都に到着し主要な聖典を翻訳後、中国の仏教は飛躍的に発展した。

大乗仏教と仏像誕生

　　「大乗（梵・Mahāyāna）の訳。「大」は広大無限でもっとも優れた意味。「乗」は悟りの彼岸に運ぶ大きな優れた乗り物の意味。

　　大乗仏教は1世紀頃に興った二大流派の一つ。小乗仏教が修行による個人の解脱を説いた（自利）のに対して、他者救済の立場から、広く人間全体の平等と成仏を説き、それが仏の教えの真の大道であるとする教え（他利）」[14]

とあり、
　大乗仏教の明確な説明がなされている。

それによって衆生を救済する阿弥陀仏・薬師如来・観音菩薩等の諸仏が誕生した。

仏教の日本伝来

仏教の公伝は6世紀中頃とされている。伝えられた仏教を使い「日出ずる国」の建国をしたのが日本仏教の祖とされる聖徳太子である。推古天皇の摂政であった太子は豪族支配から天皇中心の政治システムへ移行を目指した。また外交では中国の属国状態からの脱却を図ろうとしていた。そのため建国の柱として仏教を採用したのである。

太子は仏教が国の宗教であることを宣言し、日本最古の寺である法隆寺・四天王寺を建立した。仏教を政治に利用した構造であるが太子は仏教を深く信仰し、自ら経典の研究まで行っている。太子が著した『三教義疏』は「勝鬘経（しょうまんきょう）」・「法華経」・「維摩経（ゆいまきょう）」の注釈書として名高い。

奈良時代になると、仏教は神や仏のご加護によって国を護る鎮護システムとして隆盛していく。聖武天皇の国分寺建立の詔は「金光明最勝経」を引用して鎮護国家の典拠としている。遣唐使によってもたらされた膨大な経典類の読み解きは、国の庇護を受けた南都六宗と呼ばれる学僧集団によって執り行われた。

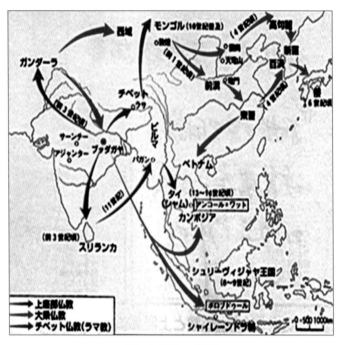

図 16 仏教の伝播

仏教の伝播

　前 5 世紀頃インドで釈迦が創始した仏教は、釈迦入滅 100 年経過して上座部と大衆部に分裂した。その後、密教を取り込み大乗仏教が興った。中国・チベット・スリランカ・ミャンマー・カンボジア・タイ等に伝わり、6 世紀頃日本に伝来した。

インドから仏教の伝来と宗派・宗祖

| インド→中国 | | | 宗派 | | |
中国・宗派			日本の本山・開祖		
イ		禅宗	永平寺・総持寺	曹洞宗	道元
ン			建仁寺	臨済宗	栄西
ド			萬福寺	黄檗宗	隠元
		浄土宗	知恩院	浄土宗	法念
			本願寺西・東	浄土真宗	親鸞
		真言宗	高野山・金剛峯寺	真言宗	空海
		天台宗	比叡山・延暦寺	天台宗	最澄
		律宗	唐招提寺	律宗	鑑真
		華厳宗	東大寺	華厳宗	良弁
		法相宗	興福寺	法相宗	道昭
		誠実宗		誠実宗	通蔵
		三輪宗		三輪宗	慧灌
		毘曇宗			
		摂論宗			
		地論宗			
		涅槃宗			
			大念仏寺	融通念仏宗	良忍
			清浄光寺	時宗	一遍
			身延山・久遠寺	日蓮宗	日蓮
	スリランカ				
	ミャンマー				
	カンボジア				
	タイ				

表3 仏教の伝播と宗派

第6章　世界に伝播している獅子

　獅子は、ヨーロッパ・地中海沿海の国家・オリエント・インド・中国・東南アジア・台湾・沖縄・韓国などに広く伝播し守護神として扱われている。

　また国を象徴する動物として、国旗や国章に描かれたりしている。32ヶ国が国章に採用している。国名として採用されているのはシンガポール共和国とスリランカ民主社会主義共和国（旧セイロン）がある。セイロンの意味は獅子の島のことである。アジアでは他にインド・カンボジア王国・フィリピン共和国が採用している。ヨーロッパでは、イギリス王国・オランダ王国・ベルギー王国・ルクセンブルグ大公国・スウェーデン王国・ノルウェー王国・フィンランド共和国・エストニア共和国・スペイン・チェコ共和国・ブルガリア共和国・ラトビア共和国・ウクライナ等がある。

　アフリカでは、ケニア共和国・ガンビア共和国・コンゴ共和国・シェラレオネ共和国・スワジランド共和国・チャド共和国・チュニジア共和国・トーゴ共和国・ブルンジ共和国・マラウイ共和国・モロッコ王国等がある。北アメリカでは、カナダ・ドミニカ国が採用している。南アメリカではパラグアイ共

和国が採用している。

　下記に代表的なイギリス・シンガポールと・スリランカ・ケニアの国章を記載する。

○イギリス国章の特徴

　紋章の解説にあるように、左側に獅子と右側に一角獣が描かれている。

　17 世紀初頭にイギリスとスコットランドが統一されて以来、一角獣は獅子とともに国家の紋章を守護している。また通貨にも国章が刻印されている。

図17 イギリス（グレートブリテン・北アイルランド連合王国）

○シンガポール共和国の国章

　中央の盾は赤地に白で三日月と五つの星が配置されている。中央の盾を支えている猛獣は、向かって左がライオンで、右側は虎である。

　ライオンはシンガポールを表し、虎はマレーシア

との歴史的な繋がりをあらわしている。

図 18 シンガポール共和国

○スリランカ民主社会主義共和国の国章

　中央にライオンが配置されている。右前足で剣を握り掲げている。ライオンの周囲には国花である蓮の花びらで周囲が囲まれている。その外周には下の穀物壺から稲穂が左右に取り巻き蓮の花を囲んでいる。

図 19 スリランカ民主社会主義共和国

○ケニア共和国の国章

　中央の盾を両側の 2 匹のライオンが片手で槍を持ちもう一方の手で盾を持っている。中央には斧を持った鶏が描かれている。民族団結のシンボルである。

　国章は防衛の象徴になっている。盾と槍は団結と自由の防衛を象徴している。

図 20　ケニア共和国

＊ライオンの呼称は、ペルシャ語でシイアとよばれ、サンスクリット語ではシンガと云っているので幾多の文化交流の歴史が読み取れる。シンガポールはマーライオンで有名である。

　中国では北京の紫禁城に数多くの獅子像が設置されている。大和門前の獅子は青銅製である。双方が口を開けている。また南正門には高い門柱の上に載っている獅子像がある。

沖縄では、シーサーが有名であり沖縄の象徴になっている。その獅子は13世紀頃に中国から伝わっている。目は丸くて大きく、鋭い牙がある。日本の獅子とずいぶん異なっている。

　当初は王宮の守護獣として置かれた。その後、市街地・公園に置かれた。さらに民家の屋根に設置されている。沖縄の民家に瓦が使われたのは戦後である。中国からの渡来人が伝え、寺院・民家の屋根に置かれるようになった。

　日本においては、古い仏閣・神社の瓦は獅子の図案を採用し、鬼瓦の獅子が仏閣・神社を守ってきたのである。

第 7 章　日本に伝播した獅子・狛犬

　日本には、3 世紀頃大陸から文化が渡来している。漢籍の輸入は、6 世紀の 577 年、敏達天皇 6 年に経綸・律師・仏工・寺工等が献じられている。獅子・狛犬の存在が明らかになったのはこの頃だと推定できる。

　続いて多くの書籍、文化が遣隋使・遣唐使・留学生・留学僧によってもたらされている。

　奈良時代の文献には、獅子・狛犬の記事は無いが、平安時代の初期の舞楽文献に登場しているので、獅子・狛犬が一対のセット定着した時代はこの時期であると考えられる。

　7 世紀になって中国様式の大局殿が作られるようになった。天皇は大局殿で儀式や政務を執られるようになり、法令・着衣・調度品も中国から学んだ。大儀とうたわれる年賀・即位・国賓客の接待等の儀式にはこれらの調度品が準備されたのである。

　天皇は実生活を清涼殿で過ごす。東向きの建物で檜皮葺である。御帳台が設けてある。御帳台には、王の玉座を守護する霊獣ということで獅子・狛犬が採用されて、御簾、几帳などを押さえる鎮子（重し）として使用された。

平安時代の神社建築様式は、神明造・流造・権現造がある。神明造の代表的神社は、伊勢神社、熱田神宮である。権現造の代表格は日光東照宮である。

　流造の代表格は京都の賀茂別雷神社（上賀茂神社）・賀茂御祖神社（下鴨神社）である。

　次に、獅子・狛犬が配置されている神社を掲載すると、賀茂御祖神社（下鴨神社）東本殿には獅子・狛犬が蹲踞し守護している。

賀茂御祖神社（下鴨神社）
<ruby>賀茂御祖<rt>かもみおや</rt></ruby>

　1 鎮座地…京都市左京区下鴨泉川町 59。

　2 祭　神…賀茂建角身命、玉依媛命。

　3 社　格…旧官幣大社

　4 由　緒… 社伝によれば神武天皇の御代に御蔭山に祭神が降臨されたとする。その後天武天皇 6 年（667）2 月に下鴨の現地に社殿が造営された。

　　　　　　社名が示す通り上賀茂に鎮座する別雷神の母神、外祖父神を祀っている。

　　　　　　上賀茂神社とともに奈良時代以前から朝廷の崇拝を受けた。平安遷都以降はより一層の崇拝を受けた。

　　　　　　大同 2（807）年には、最高位の正一

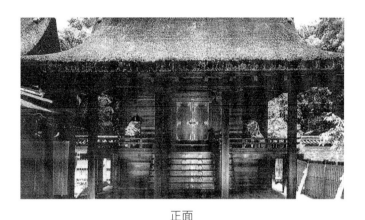

正面

図 21　賀茂御祖神社（下鴨神社）東本殿の獅子・狛犬

　　　位の神階を受けるとともに賀茂祭は勅
　　　祭となった。

　上賀茂神社は、賀茂川と高野川の合流地点から北
方へ約 4km 遡った東岸に鎮座している。下鴨神社は
合流地点から約 1km のところに鎮座する。この両者
合わせて山城国一の宮とされている。ともに旧官幣
大社である。祭神は上賀茂神社が賀茂別雷神、下鴨
神社が賀茂建角身命・玉依姫命となっている。
　京都三大祭りの葵祭りは賀茂祭の別称である。
　賀茂氏と秦氏は雄略朝に大和国の葛城から乙訓を経
て賀茂川を北上し、5 世紀後半に現在地へ進出したと考
えられている。

次にその秦氏と縁の深い松尾大社の拝殿内の獅子・狛犬掲載する。

まつのお
松尾大社

1 鎮座地 …京都市西京区嵐山宮町3

2 祭　神 …大山咋神・市杵島姫命。

3 社　格 …旧官幣大社。

4 由　緒 …御祭神の大山咋神は、『古事記』に「大山咋神、亦の名は山末之大主神。此の神は近淡海国の日枝の山に座し、亦葛野の松尾に座して、鳴鏑を用つ神ぞ」とある。市杵島姫命は福岡県・宗像大社に祀る三女神の一神である。

松尾大社は京都最古の神社といわれ、太古西山山麓一帯の住民が、松尾山大杉谷上部の磐座におられる神様を生活守護神として奉祀したのが起源とされる。

5、6世紀頃大陸から渡来し、此の地に定住した秦氏は山城・丹波国を開拓し農産業を興した。松尾山の神を氏族の総氏神として崇敬するに至った。

文武天皇の大宝元年（701）、秦忌寸都理（はたのいみきとり）が山麓の現社地に神殿を営み、山上の磐座の神霊

をこの神殿に遷した。桓武天皇が平城
京から長岡京・平安京へと秦氏の勢力
圏であった山背の地に遷都されたの
は、秦氏の財力によると想定できる。

松尾大社の本殿内の獅子・狛犬

図22　本殿内の獅子・狛犬

松尾大社の本殿内に獅子・狛犬（青色）が控え神
威の守りをおこなっている。

7-1 古典による獅子・狛犬の描写

次に古典（5点）に掲載されている獅子・狛犬に
ついて、貴族と民間でどのように受け入れられてい
るか、定着度合い等を時代順に追って観てみたい。

まず源順著、『宇津保物語』（平安時代中期980年頃編）には、獅子・狛犬の描写が次のようにされている。

「かくて御産養（うぶやしない）の三日の夜は、右大将殿し給ふ。（中略）五日の夜、あるじの大将おなじくいかめしうし給へり男御子たちも、さまざまにいかめしう給へり。攤（だ）打ち、物かづきなど給う。かくて、六日になりぬ。
女御、麝香（じゃこう）ども多く具しあつめさせ給ひて、えび、丁子、かな臼（うす）に入れてつかせ給ふ。練絹（ねりぎぬ）を綿入れて、袋に縫はせ給ひて、一袋づつ入れて、間ごとに御簾に添えてかけさせ給ひて、大なる白銀の狛犬四つに同じ火取すゑて、香の合薫物（たきもの）絶えず焚きて、御帳のすみずみにすえたり」[15]

とある。

この獅子・狛犬の特徴は、二体でなく、四体であり銀製である。香を焚く容器であったようである。

次に清少納言著『枕草子』（995~1004年著）には、獅子・狛犬について次の記述がある。

「おはしまし着きたてれば、大門のもとに、
高麗、唐土の楽して、獅子、狛犬をどり舞ひ、
乱声の音、鼓の声に、ものもおぼえず。」[16]

とあり、
　獅子・狛犬が記載されて一対で踊っている事が読
み取れる。
　したがって、この描写から獅子・狛犬は中国と高
麗の双方ものという認識である。

　次の描写は、

「還らせたまう神輿のさきに、獅子、狛犬など舞
ひ、あわれさる事のあらむ。郭公うち鳴き、こ
ろのほどさえ似るものなかりけむかむかし。」[17]

とあり、神輿行列の前を獅子・狛犬が「清め祓って
いる」情景が読みとれる。

　次に『栄花物語』（1028 ～ 37）「かがやく藤壺」
には下記の通り狛犬の文言がみえる。

「此の度は、藤壺の御しつらひ、御帳の前の
狛犬なども、常のことながら目とまりたり。

若人いとめでたしとみる」[18]

とあり

　この物語は、藤原道長の栄華を中心に宮廷・貴族に関する出来事を物語風に記されている。藤原道長の娘・長女彰子が12歳で一条天皇の皇后として入内した時である。御帳押さえの鎮子として、獅子・狛犬が常態になっていた事が読み取れる。

　次に、平安時代後期(1100年前後頃)の書物に『類聚雑要抄』がある。この書物には鳥羽院の宮廷で行われた儀式で、宴席の状況・家具調度品・衣装等について記述されている。

　そこには、獅子・狛犬の事が次のように記されている。

　　　「左獅子　於色黄　口開　右胡摩犬　於色白
　　　不開口在角」[19]

　次の図で分かる通り、左（向かって右）が獅子で色は黄色、右（向かって左）に狛犬が配置されている。図内の注には、

　　　「左右に相向かっている。色は黄色で口を開
　　　けている。右は胡摩犬で色は白く角が在る」

とあり、獅子・狛犬の左右位置の根拠に繋がる図である。

図23 獅子・狛犬図

　最期の５点目に
『徒然草』（鎌倉末期・1331 年頃、吉田兼好著）第237 段には、次の記載があるので参考に供したい。

　　『丹波に出雲という所あり、大社を移して、めでたく造れり。しだのなにがしとかや領る所なれば、秋の頃、聖海上人、其外も人あまた誘ひて、いざたまへ、出雲拝み給へ。掻餅召させんとて具しもていきたるに、おのゝ拝みて、ゆゝしく信起こしたり。御前なる獅子、狛犬、背きて後さまに立ちたりければ、上人いみじく感じて、「あなめでたや、この獅子の立ちやう、いとめづらしく、ふるきゆへあ

らん」と涙ぐみて、「いかに殿ばら、殊勝の
ことは御覧じ咎めずや。むげなり」と言えば、
おのゝ怪しみて、「誠に他に異なりける。都
のつとに語らむ」など言うに、上人なをゆか
しがりて、おとなしく物知りぬべき顔したる
神官を呼びて、「此社の獅子の立てられよう、
定習ひあることに侍らん。ちとうけたまはら
ばや」と言はれければ、「そのことに候。さ
がなき童どもつかまつりける、奇怪に候事也
とて」、さし寄りて据へ直してければ上人の
感涙いたづらに成りにけり。』[20]

とある。

　場所は現在の京都府亀岡市千歳町出雲に所在す
る出雲神社。出雲大社から勧請されている。子供
のいたずらで向きを変えられた狛犬をみて、上人
は理由があって、このように置いてあるのでない
かと考え、恥をかいた話である。子供の力で向き
を変えられるのは木製の獅子・狛犬であったと想
定出来る。神社には獅子・狛犬が鎮座するのは当
たり前の時代になっていたが初期の作品であった
と想定できる。

7-2　神社と獅子・狛犬の特徴

　中国から皇室に伝わった獅子・狛犬は小さな銅製であった。その後、木製・陶製・銅製・鉄製が造られた。その当時の時代背景が加味され地域・産地特有の材料が活かされたものと考える。

　獅子・狛犬の採用理由は、その勇猛さを発動させ悪霊の調伏・退散にある。

　獅子舞では獅子が激しく暴れる場面があるのは、このような強い獅子の性格を表わしている。

　歴史を重ね現在では神社の社殿前に置かれる獅子・狛犬は、耐久性・見栄えで石造が主流になっている。純国産石で造られた最古の獅子・狛犬は、京都府宮津の籠神社に置かれている。この神社は伊勢神宮下宮の元宮として有名である。この神社の獅子・狛犬を模したのが各地でみられる。

　福岡県の箱崎宮・大宰府天満宮・香椎宮・護国神社・箱根神社・目黒神社・靖国神社に模写されている。

7-3 獅子・狛犬の配置

　神社仏閣・宮中の獅子・狛犬の配置は一般的に、向かって右に獅子、向かって左に狛犬が配置されている。この配置は平安時代の「楽部」と関係がある。坂元義種氏は次のように説明している。有力な説で引用させていただくと、

「狛近真著『教訓抄』には、左右の番舞である番舞を列記したあとに別番様」を記し、その中に左舞として「獅子」、右舞として狛犬を対比的にあげている。（中略）また太平楽の左舞の番舞である狛桙は右舞であった。つまり狛楽は左右舞の右舞と定められていたのである。「狛犬」の舞が右舞となったのは、これが狛楽に属していたからである。狛楽の狛犬舞を右とする固定観念が、威儀のものや鎮護獣としての狛犬の位置をも必然的に決定づけ、神社における阿吽一対の神獣のうちの一角・吽像の狛犬は右配置にさだまったと思われる」[21]

とあり、

　文末に「一角・吽像の狛犬は右配置（向かって左）に定まったと思われる」との説明で配置の根拠が明確になる。

　なお参考までに、楽部に関係する左右配置は、平安時代初期の仁明天皇の頃（在位 834~847）楽制が定められた。唐・天竺・林邑（ベトナム）などの楽は左方、高句麗・百済・新羅・渤海の楽は右方の分類が制定されている。左右配置について

『平安大事典』に記載されているので引用させて戴くと、

　　　「雅楽　大陸渡来の　　　唐　楽──左方
　　　舞楽管弦　　　　　　　　高麗楽──右方」[22]

とあり、上記二点の説明で左右に配置された根拠が明確になったのである。

7-4 獅子舞の奉納

伎楽

　伎楽は呉の伎楽舞ともいわれ、中国南部・呉国（現在の上海）に由来する楽舞であった。そのルーツはギリシャ・インド・インドシナ・中国南部等の説がある。わが国には６世紀に調度一揃いがもたらされた。伎楽は聖徳太子の積極的な保護により７世紀末には外国の賓客の饗応にも供された。さらに８世紀になると東大寺をはじめ諸寺が楽人を養成し衣服を整えるほど盛んになった。

　『新選姓氏録』「左京番下」には、欽明天皇（在位540年〜572年）の項には和薬使師が仏典・仏像とともに伎楽調度一具を献上したとの記述があるので下記に記載する。

　　　「和薬使主。出自呉国主照淵孫智聡他。天国

排開広庭天皇御世、隋使大伴佐弓比古、持内
外典・薬書・明堂図等百六十四巻、仏像一躯、
伎楽調度一具等入朝」[23]

とあり渡来の文化である。
　また

「百済人味摩之、帰化けり。呉国に学びて、
呉楽の舞を得たりという。
　即ち櫻井に安置らしめて、少年を集めて、伎
楽の舞を習わしむ。」[24]

とあり積極的に渡来文化を摂取したことが判る。

　推古天皇 20 年（612 年）に百済人味摩之によっ
て中国南部の呉から伝えられたとある。奈良時代の
大仏開眼供養（天平勝宝 4 年 752 年）に上演された。
正倉院には当時の伎楽面が保存されている。

　天武天皇 14 年（686 年）には、筑紫で外国の賓
客を饗応するため伎楽が行われた。

「壬午に、新羅の客に饗たまはむが為に、川
原寺の伎楽を筑紫に運べり。

　乃りて皇后宮の私稲五千束を以て、川原寺に
納む。」[25]

とあり、仏教行事以外にも開催されたのである。

7-5 獅子・狛犬の左右配置と舞楽との関連

　舞楽とは、舞を伴う雅楽。唐楽の伴奏で舞うのを
左方の舞楽、高麗楽の伴奏で舞うのを右方の舞楽と
いう。

　平安時代に入って、舞楽は唐楽と高麗楽に整理さ
れ唐楽の伴奏により日輪を象徴する大太鼓の据えら
れた左方から登場する左舞、高麗楽の演奏により月
輪を象徴する大太鼓の据えられた右方から登場する
右舞に分けられた。

7-6『白居易』「西涼伎」には、獅子舞の詩が見られる

　中国唐代・貞元の世代（785 ～ 804）西域の国境
防備に当る将軍達の楽しみは、獅子舞の見物であっ
た。この事が上記の「西涼伎」に 39 首纏められて
いる。そのなかで獅子舞の字句がある 4 首を抜粋し
て下記すると、

　　　假面胡人假獅子　　　仮面の胡人仮の獅子

泣向獅子涕雙垂	泣いて獅子に向かって涙し並び垂れる
獅子回頭向西望	獅子頭を回らし西に向かって望み
獅子胡兒長在目	獅子と胡児長く目に在り

とあり、

　この漢詩からみて、唐代には既に西域に於いて獅子についての文化は普遍的なものになっていたことが読み取れる。

＊西涼…………甘粛省涼州
＊国境防備……当時の新疆庫車（くちゃ）に配置された安西都護府。

　次の８章で、神社に配置された獅子・狛犬について特徴を観てみたい。

第 8 章　神社に獅子・狛犬定着

　次に獅子・狛犬を設置している神社を主に掲載した。双方阿吽形態もあり基本の形から変化した動物も存在したのである。虎・龍・狼・猪・菟・狐等神の使いとして狛犬の代わりに設置された。材質は石造が一般的であるが、銅・鉄等の金属製、陶器製・木製も存在したのである。狼の狛犬は、秩父山岳地方の修験道により神にあがめられたことによる。

○元伊勢　籠神社

・所在地………京都府宮津市
・社　　格………官幣大社
・主祭神………彦火明命（ひこほあかりのみこと）
　　　　　　　　豊受大神（とようけのおおかみ）、
　　　　　　　　海神（わたつみのかみ）
　　　　　　　　天水分神（あめのみくまりかみ）
・由　　緒………元伊勢として名高い。社伝によると、豊受大神（伊勢神宮外宮に祭祀）は、神代には現在の奥の宮・真名井神社に鎮座したとある。この地は天照大神が 4 年間営んだ元伊勢の「吉佐宮」にあたるとしている。

・形　式………阿吽型
・寸　法………阿形 94.0 cm、吽型 96.4 cm。
・制作年代………鎌倉時代
・特　徴………純国産。石材と彫刻模様。
　　　　　　　背が高いこと、胴体は胸板が厚く威
　　　　　　　風堂々としたいでたちである。盛り
　　　　　　　上がった鬣、いつでも飛びかかれる
　　　　　　　肢体である。

重文　狛犬　鎌倉時代

図 24 籠　神社の獅子狛犬

○宗像大社

・所在地………福岡県宗像郡玄海町。九州と朝鮮半
　　　　　　　島を結ぶ玄海灘の真ん中にある沖ノ
　　　　　　　島に沖津宮、海岸近くの大島に中津
　　　　　　　宮、陸地の田島に辺津宮がある。こ
　　　　　　　の三宮の総称である。

・社　　格………官幣大社
・主祭神………沖津宮（おきつぐう）田心姫神（た
　　　　　　　　ごりひめのかみ）

　　　　　　　　中津宮（なかつぐう）瑞津姫神（た
　　　　　　　　ぎつひめのかみ）

　　　　　　　　辺津宮（へつぐう）　市杵島姫神（い
　　　　　　　　ちきしまひめのかみ）

・由　　緒………社伝によると日本神話に起源をも
　　　　　　　　つ。天照大神の息から宗像三女神が
　　　　　　　　生まれたとされている。三女神は天
　　　　　　　　照の勅命を奉じ皇孫を助けるために
　　　　　　　　筑紫の宗像に降りこの地を治めるよ
　　　　　　　　うになったのが起源とされる。

Ⅰ神宝館の石造獅子・狛犬………中国様式
・形　　式………阿阿形（どちらも口を開いている）
・寸　　法………阿形 47.3 cm、吽型 47.4 cm。
・制作年代………北宋時代　背面施入刻銘　建仁元年
　　　　　　　　（1201 年）
・特　　徴………石材は宋から輸入したものである。
　　　　　　　　形態は一般の獅子・狛犬と異なり角
　　　　　　　　ばった顎、台座の蓮華、雲文様など
　　　　　　　　は宋の様式を示している。
　　　　　　　　背面に、奉施入宗像宮第三御前実建

仁元年辛西藤原支房の刻銘。

宗像は宋と交易し港町として栄えていた。宋と交易していた商人が獅子・狛犬を輸入し藤原支房が寄進したようである。

Ⅱ神宝館の木造狛犬

鎌倉期の作品と伝えられている。

・形　式………阿吽型

図25 宗像大社　宝物館の獅子・狛犬、木造（重文）

○柿本神社（人丸神社）

・所在地………兵庫県明石市人丸町

・主祭神………柿本人麿朝臣。飛鳥時代の歌人、36歌仙の一人。祭神は歌聖と呼ばれることから歌道の神として信仰を集めた。そのことから学問の神として、人麿を「人生まれる」と解し安産の

　　　　　　　　神、「火止まる」と解し火防ぐ神と
　　　　　　　　して崇められている。

・由　　緒………社伝によると、月照寺の覚証という
　　　　　　　　僧が夢中に柿本人麿の神霊がこの地
　　　　　　　　に留まっていることを感得し、塚を
　　　　　　　　建てて鎮守にしたのが起源である。

・形　　式………阿吽型

・寸　　法………阿形高さ109cm 台座109cm /// 吽
　　　　　　　　形高さ99cm 台座110cm

・制作年代………江戸時代　徳川家重　宝暦4年1754年

・特　　徴………明石市内の石造獅子・狛犬の中で一
　　　　　　　　番古い。獅子・狛犬の材質は砂岩、
　　　　　　　　台座は花崗岩。獅子は、たてがみ・牙・
　　　　　　　　目の彫が著しく深いのが特徴で貴重
　　　　　　　　な彫像である。播磨地区一帯でトッ
　　　　　　　　プクラスの獅子像である。

図26 人丸神社の獅子・狛犬

○稲爪神社

- 所在地………兵庫県明石市大蔵本町
- 主祭神………大山祇神・面足神（おもだるのみこと）・惶根命（かしこね）
- 創　建………推古天皇御世
- 由　緒………推古天皇の頃、三韓より鉄人が 8,000 人を率いて来襲した。

  討伐を命じられた伊予国の小千（越智）益躬（ますみ）は、故郷の大山祇神社に祈ったところ鉄人が明石に着いた時、稲妻とともに大山祇が姿を現し、鉄人の弱点である足裏を射よと告げた。益躬が矢で射殺し撃退させた。大山祇が現われた地に大山祇神社を勧請したことに始まる。

  古くは稲妻大明神と呼ばれたが稲妻が転化し稲爪と呼ばれている。
- 形　式………阿吽型
- 寸　法………阿形高さ 90cm 台座 90cm /// 吽形高さ 90cm 台座 90cm

図27 稲爪神社の獅子・狛犬

○八幡神社

- 所在地………明石市大蔵八幡町
- 主祭神………鴨部大神（越智益躬）・息長足姫命（お
きながたらしひめのみこと）・玉依
姫・応神天皇
- 由　　緒………推古天皇の御代に人皇第七代考霊天皇
第三御子伊予の皇子より十七代の嫡
葉の小千（越智）益躬が鉄人を和坂に
撃ち、益躬伊予三島大明神を大蔵谷に
祀る（稲爪神社）の辰巳の方角に一社
を建て益躬を祀る（越智神社）。

1705年明石城主松平直常は、建
て替えとともに穂蓼八幡神社と改
める。

図 28 八幡神社　獅子・狛犬

○熊野本宮大社

・所在地………和歌山県東牟婁郡本宮町
・主祭神………家津美御子大神（けつみみこのおお
　　　　　　　かみ）/（素戔嗚尊）
・創　建………崇神天皇 65 年の創建
・由　緒………旧官幣大社。ご祭神は樹木を支配さ
　　　　　　　れる神であり、紀国（木の国）の呼
　　　　　　　称もここからが起源になっている。
　　　　　　　天火明命（あめのほあかりのみこと）
　　　　　　　は熊野の地を治めた熊野国造りの祖
　　　　　　　神で、息子の高倉下は神武東征に際
　　　　　　　して天剣を献じて迎えている。さら
　　　　　　　に高御産巣日神（たかみむすびのか
　　　　　　　み）は天より八咫烏を遣わし神武天
　　　　　　　皇を大和の橿原まで導いている。
　　　　　　　熊野本宮大社は熊野三山（本宮・大

社・那智）の中心神社である。

全国に立地する熊野神社5,000余の総本宮である。奈良朝の頃から修験道の行者が数多くに参拝した。約1,000年前宇多天皇の行幸をはじめ法皇・上皇・女院の行幸は百数十年継続している。中世以降、公家・武士庶民の間に広く信仰され三社の中心として栄えた。

図29 熊野本宮大社の獅子・狛犬

○熊野速玉大社

・所在地………和歌山県新宮市新宮
・主祭神………熊野速玉大神・熊野夫須美大神・家津美御子大神（けつみみこのおおかみ）
・創　建………神代
・由　緒………熊野速玉大社は、熊野三山の一つとして全国に祀る数千社の総本宮である。今から2,000年ほど前の景行天

皇五十八年に本宮である神倉山から現在の鎮座地に遷座された。それにより神倉神社の『旧宮』に対して『新宮』と呼称した。

　平安朝以降現世安穏、後世極楽を祈る人々多く蟻の熊野詣での諺を生じ歴代天皇・院の御幸百数十度。全国に祀る熊野神社約 5,000 社の御本社として著名である。

図30 熊野速玉大社の獅子・狛犬

○真山神社

・所在地………秋田県男鹿半島（なまはげのメッカとして有名）

・主祭神………瓊瓊杵命（にぎにぎのみこと）

　　　　　　　武甕槌命（たけみかづちのみこと）

・由　緒………社伝によれば景行天皇の御代に武内宿禰が北陸地方諸国視察により男鹿

半島へ下向した。この時、秀峰・湧出山に登り、使命達成・国土安泰・武運長久祈願のために二柱を祀ったのが起源とされる。

　平安時代以降仏教の伝播が次第に男鹿へ伝わる頃、貞観年中には、円仁慈覚大師によって湧出山を二分し、北を真山、南を本山とした。以来修験道の信仰が高まり、天台僧徒によって、比叡山延暦寺守護神の赤神明神と習合された。その後真言宗に改宗。

図31 秋田県　男鹿半島 真山神社の獅子・狛犬

○大山祇神社（三島大明神）
（おおやまづみ）

・所在地………愛媛県今治市大三島町宮浦 3327 番地
・主祭神………大山積神
・社　格………式内社・伊予国一宮・旧国幣大社
・由　緒………全国にある三島神社・大山祇神社 1

万余社の総本社であり、山の神・海の神・戦の神として歴代の朝廷や武将から崇敬された。大山積神を祀る代表的な神社として山神社の総本社とされる。

全国的には山神として知られているが『伊予風土記』に「御嶋座す神の御名は大山積の神、亦の名は和多志の大神なり」とあり、大山祇神社を氏神と仰ぐ河野氏の活躍とともに瀬戸内水軍の守護神として喧伝されてきた。源氏・平氏を始め多くの武将の武具を奉納して武運長久を祈った。これにより国宝・重要文化財の指定を受けた日本の甲冑の80％がこの神社に集まってきている。従い武具など宝物館に収蔵して管理されている。

図 32 愛媛県今治市 大山祇神社　獅子・狛犬　阿吽型

○林神社

・所在地………兵庫県明石市林崎町大字林町

・主祭神………少童海命<small>わだつみのみこと</small>・彦火々出見尊・豊玉姫命・
　　　　　　　葺不合尊・玉依媛命・御崎大神。

・社　　格………県社

・創　　建………成務天皇八戊虎年西暦 138 年秋八月
　　　　　　　勧請なりと播磨鑑にあり。

・由　　緒………古海童海命當所海浜の上に現れ給う
　　　　　　　その石、成務天皇八年八月波の為海
　　　　　　　に没す。翌九年元旦、社を建て同神
　　　　　　　を祀ったのが起源である。延喜
　　　　　　　二十二年夏天乞に霊験あり、これよ
　　　　　　　り天乞社と称す。寛弘二年　彦火々
　　　　　　　出見命他三神を合祀し上宮と称す。
　　　　　　　江戸時代上の宮五社大明神と仰ぎ、
　　　　　　　明治維新に林神社と復称す。昭和
　　　　　　　二十年御崎神社と合併し今日に至る。

図 33 林神社の獅子・狛犬 阿吽型

図 34 林神社 石碑の由緒

○湊川神社（楠公さん）

・所在地………神戸市中央区多聞通り3丁目1番1号

・主祭神………楠木正成公（大楠公）

・社　格………旧別格官幣社

・創　建………明治5年（1872年）

・由　緒………楠木正成公（大楠公）は、永仁2年
　　　　　　　（1294年）に大阪の河内国金剛山の
　　　　　　　麓、赤坂村で生まれた。元弘元年
　　　　　　　（1331年）9月に後醍醐天皇の命を
　　　　　　　受け、河内で兵を挙げた。奇策智謀
　　　　　　　に優れて、ついに鎌倉幕府崩壊に導
　　　　　　　いた。まもなく足利尊氏が背き京都

に攻めのぼってきた。兵庫の湊川で迎撃するも敵は数万、味方は 700 騎、激戦の末、延元元年（1336 年）5 月 25 日殉節をとげられた。

墓所は足利時代は荒廃していたが、豊臣秀吉が免祖地に指定した。尼崎藩主が松と梅を植え、五輪の石塔を設置した。元禄 5 年（1692 年）前水戸藩主徳川光圀は墓碑「嗚呼忠臣楠子之墓」を建立した。

以来地元の人は御墓所を大切に守ってきた。

明治元年（1868 年）4 月、明治天皇は、大楠公の忠義を後世に伝えるため神社創祀の御沙汰書を発布。明治 5 年（1872 年）に湊川神社が創建された。

図 35 湊川神社の獅子・狛犬　石造

図 36 湊川神社の獅子・狛犬　陶造

○生田神社

・所在地………神戸市中央区下山手１丁目２番１号
・主祭神………稚日女尊(わかひめのみこと)
・由　緒………『日本書紀』の神功皇后の巻に「恰度
　　　　　　　神戸敏馬の沖合にて皇后の御舟が、海
　　　　　　　中に回って進むことが出来なかった
　　　　　　　ので、務古の水門（和田岬）に還った
　　　　　　　ところ、天照大神、誨へられて我が荒
　　　　　　　魂は皇居の近くに居るべきでない。御
　　　　　　　心広田国に居らしむと。葉山媛をして
　　　　　　　祭らしめられた。また稚日女命誨(おし)へら
　　　　　　　れるよう、吾は活田長狭国居らむと、
　　　　　　　海上五十狭茅に命じて生田の地に祭
　　　　　　　らしむ（祀ってください）。

　神戸の地名の発祥は、神戸市中央区

の一帯が社領であったことから神地・神戸（かんべ）が此の地の呼称になった。

図 37 生田神社の獅子・狛犬

図 38 生田神社正門

○平安神宮

・鎮座地………京都市左京区岡崎西天王町

・祭　神………桓武天皇・孝明天皇

・創　建………明治 28 年 3 月

・例　祭………10月22日は時代祭と称される京都
　　　　　　　三大祭が行われる。
・由　緒………旧官幣大社。明治28年（1895）平安奠
　　　　　　　都千百年祭を行う際に平安京を創始し
　　　　　　　た桓武天皇を祭神として創建した。
　　　　　　　昭和15年（1940）には平安京最後
　　　　　　　の天皇孝明天皇を合祀している。

図39 平安神宮の守り神。獅子・狛犬でなく龍虎である。左は白虎、右は蒼龍

次の写真は、宇治神社の狛犬である。双方阿形は
珍しい

○宇治神社
・所在地………京都府宇治市山田
・祭　神………菟道稚郎子命（うじのわきいらつこ
　　　　　　　のみこと）
・由　緒………創建年代はあきらかでない。しかし

宇治神社の近くに宇治上神社があ
る。宇治上神社と二社一体の存在で
あるとされている。

延長 5 年（927 年）成立の『延喜式』
神名帳では、山城国宇治郡に宇治
神社二座の記載がある。のち近く
に平等院が出来て両社はその鎮守
社とされた。

図 40 宇治神社の獅子・狛犬

第9章　仏像と仁王の源流

インドの歴史と文明

　紀元前 2500 年頃、インダス河流域のモヘンジョ
＝ダロ（Mohenjo-daro）やハラッパー（Hārappā）
などの地域にムンダ人やドラヴィダ人が居住してい
た。やがて都市が生まれインド最初の文明であるイ
ンダス文明が興った。インダス文明の都市遺跡から
レンガ造りの道路・上下水道・神殿・水浴場・住宅
等が発掘されている。また、土器や青銅器、金や銀
の装飾品、木綿・羊毛のほか、粘土板でつくられた
印章なども発見されている。文字はインダス文字が
使われていた。

　紀元前 1500 年頃、インド＝ヨーロッパ語族の遊
牧民であるアーリア人がインド西北部のパンジャブ
（Pamjāb）に侵入し、次第に東方に向かって領土
を拡大した。部族社会を築いて雷や火などの自然の
神を崇拝し讃えた。財産・戦勝・長寿・幸運等を願
いその恩恵と加護を祈った。その賛歌集である『リ
グ＝ヴェーダ』を生み出した。彼らの宗教は多神教
で、賛歌の対象となった神格の数は非常に多くその
範囲も多岐に亘っている。

　紀元前1000年頃、アーリア人は西北からガンジス河流域に移動し、青銅器に代わって鉄器を用いて森を開墾し、木製の犂（すき）を生み出していた。

　アーリア人は移動した土地で「ヴァルナ制度」と呼ばれる「身分観念」を生み出していった。ヴァルナ制度は、バラモンと呼ばれる司祭または僧侶を最高の身分とし、その下に王族や武士であるクシャトリア、農民や商人であるバイシャ、奴隷のシュードラという4つの身分に分ける制度で、武士以下の人々はバラモンの力で救われると信じるようになった。

　このヴァルナ制度は、のちに他の身分の集団と結婚し、食事をすることを制限した「カースト制度」と結びつくようになった。

　紀元前600年頃、部落社会が崩れはじめ、王の権力が強くなり、いくつもの都市国家がつくられるようになった。そのなかでマガタ国が強力な国になり、クシャトリアが社会の実権をにぎるようになるとバラモンの教えとは異なる新しい宗教が生まれた。

　紀元前500年頃、シャカ族の王子であったゴータマ・シッダールタは、バラモンの教えを批判し、仏の前では人は平等であり、バラモンの力に頼らなくても苦しみから救われることを説いて仏教の教え

を広めていった。

　紀元前4世紀には、マケドニアのアレクサンドロス大王がインダス河流域まで侵攻してくると、統一国家の必要性が高まった。

　紀元前3世紀、アショカ王がインド半島の大部分を統一した。アショカ王は仏教を篤く信じ仏教の経典を編集させて、仏教をセイロン島（現スリランカ）まで広めた。セイロン島に伝わった仏教は上座部（小乗）仏教といい、後に東南アジアまで広まっていった。

　紀元1世紀になると、クシャーナ族がインダス河流域にクシャン朝を立てた。

　紀元2世紀半頃、カニシカ王の時代に最も栄えて中央アジアからガンジス河流域まで支配した。
　カニシカ王は仏教を保護し、都であったガンダーラ地方を中心に盛んとなり大乗仏教を発展させていった。さらにアレクサンドロス大王の遠征により、ヘレニズム文化が伝わり、ギリシャ彫刻の技法で仏像などが造られガンダーラ美術と呼ばれる仏教美術が盛んになった。ガンダーラ美術はシルクロードを

経て西域諸国・中国・朝鮮半島・日本へと伝えられた。

　紀元4世紀にグプタ朝が興ると、再びバラモンが重んじられた。バラモンの言葉であるサンスクリット語が公用語になった。
　宗教はシヴァ神など多くの神々を信仰する多神教社会であり、現在のインドの独自性の土台となっているヒンズー教がカースト制度とともに社会に定着していった。バラモン教は天文学や哲学を発展させ、十進法やゼロの概念を発明した。

ガンダーラの風土と歴史
アケメネス朝ペルシャ帝国時代
　ガンダーラは、アケメネス朝ペルシャ帝国（現イラン）の全盛期に於いてはその一属州であった。紀元前550年〜前330年、遊牧イラン人が建国しオリエント一帯を支配した。ペルシャ帝国の「ペルシャ」の語源は、アケメネス朝の創始者であるアケメネスの出身地のペールス、ペルシス（Persis）からきている。漢名は波斯国。
　ペルシャ人が建国したアケメネス朝は、イラン高原を中心にメソポタミア・エジプト・小アジア（トルコ）などオリエント一帯を支配した。ゾロアスター教を軸に独自の文化を持っていた。

ペルシャ帝国のダレイオス大王（在位前 522~ 前 486）は、帝国の領土を拡大し、首都をスーサに置き帝国の機構を整備した。版図は東のインダス河流域から西のバルカン半島南部のトラキアまで及んだ。

　また道路はスーサからエーゲ海岸のサルディスに至る「王の道」を整備した。さらに壮大な王宮をスーサに建設するとともに、王宮の壁画には歩く獅子・有翼怪獣・有翼の牝牛・向かい合うスフィンクス等が装飾された。

　その後、前 334 年に始まるマケドニアのアレクサンドロス大王の東征と戦ったが、イッソスの戦いとアルベラの戦いで敗れ滅亡した。

　アレクサンドロスは、幼年時代から聡明で、アリストテレスなど優れた家庭教師から帝王学・文学・哲学を学び身体的鍛錬を受けた。マケドニア王である父、フィリッポス 2 世が暗殺された後、20 歳にして王位を継ぎ、ギリシャの没落した市民の移住と自らの理想世界実現のため、前 334 年東方遠征に出発した。

　次の図は、前 333 年大王が東方遠征の途上、ダレイオス 3 世率いるペルシャ軍を撃破した時の様子を描いたとされるポンペイ出土の床飾りのモザイク

の一部。アレクサンドロス大王がダレイオス軍の陣中深く攻め込んだシーンが描かれている。

　このアレクサンドロス大王の東征がヘレニズム文化を形成し、ガンダーラにギリシャ風の仏像が製作された。

↑アレクサンドロス大王　　　　　↑ダレイオス3世

図41 イッソスの合戦図

アレクサンドロス大王の占領地融合政策「1～5」[25]

　1「ペルシャ的東方専制君主政策の継承

　2　ペルシャ人官僚の登用

　3　ギリシャ兵士とペルシャ人女性の集団結婚

　4　アレキサンドリア（約70都市）の建設とギリシャ人の東方移住

　5　ギリシャ語の公用語化」

とあり、占領地の融合策を打ち出している。

　紀元前323年アレクサンドロス大王が病死後イ

プソスの戦い（前301）で帝国領が分列。前168年
マケドニアはローマに敗れて、前146年ギリシャ
がローマの属州になった。

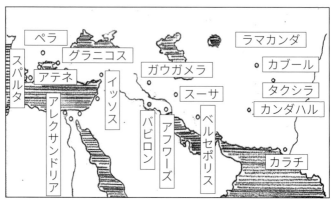

図42 アレクサンドロス大王の東方遠征と三大会戦地図（グ
ラニコス前334・イッソス前333・ガウガメラ前331）

　上記の通り、このアレクサンドロス大王の東方遠
征がきっかけになりギリシャとオリエントの文化が
融合しヘレニズム文化が隆盛した。中心はアレクサ
ンドリア・アンテオキア・ベルガモン・ロードス島
などである。西はローマ帝国、東はインドのガンダー
ラ美術、中国の南北朝、日本の飛鳥・天平文化に大
きな影響を与えた。

　仏像の制作開始は、クシャーナ朝に於いてあった。
クシャン（貴霜）は中央アジア出自の遊牧民族である。

丘就郤（クジュラ・カドフィセス）の時代には、中央アジアから西北インド及び中インドに及ぶ大帝国を打ち立てた。帝国の本拠地をガンダーラに置いた。

クシャーナ朝時代（英：Kushan、中：貴霜^{くしゃん}）

　中央アジアから北インドにかけて、１世紀から３世紀頃まで栄えたイラン系の王朝である。紀元前２世紀、匈奴に圧迫されて西へ移動した遊牧民の月氏は、中央アジアのバクトリア（大夏）に定着した。これを大月氏と呼ぶ。

　大月氏については、『漢書』・『後漢書』に記載されている。『漢書』「西域伝」によれば、大月氏は、休密翕侯^{きゅうみつきゅう}、貴霜翕侯^{くしゃんきゅう}、雙靡翕侯^{そうびきゅう}、肸頓翕侯^{きっとんきゅう}、高府翕侯^{こうふきゅう}の五翕侯があった。時を経てこのうちの貴霜翕侯が強勢となり、他の四翕侯を併合して貴霜王を称するようになったとある。

『後漢書』「西域伝大月氏条」によれば、貴霜侯（クシャン）の丘就郤（クジュラ・カドフィセス）が他の四翕侯を全て征服して王を号したとある。(次ページ図43)一般にこれをもってクシャーナ朝の成立と見なされている。

　クシャーナ朝は土着のイラン系と大月氏が同化したものと考えられる。なお、クシャーナ朝の王は、東の隣国、漢帝国に使者を送っている。

次に大月氏国とクシャン候の記録を掲載する。

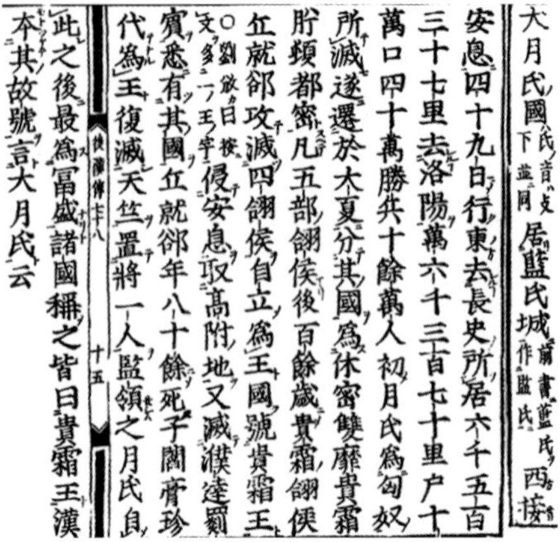

大月氏國（氏音支下並同）居藍氏城（前書藍氏作監氏）西接安息四十九日行東去長史所居六千五百三十七里去洛陽萬六千三百七十里戸十萬口四十萬勝兵十餘萬人初月氏爲匈奴所滅遂遷於大夏分其國爲休密雙靡貴霜肸頓都密凡五部翖侯後百餘歳貴霜翖侯丘就卻攻滅四翖侯自立爲王國號貴霜王（劉攽曰按文多一王字）侵安息取高附地又滅濮達罽賓悉有其國丘就卻年八十餘死子閻膏珍代爲王復滅天竺置將一人監領之月氏自此之後最爲富盛諸國稱之皆曰貴霜王漢本其故號言大月氏云

後漢傳七十八　十五

図 43　大月氏国とクシャン貴霜侯の記録

「訳」

大月氏国は監氏城（かんしじょう）に治（みやこ）している。西は安息に接し49 日の行程である。東の方に行くと長史所（都護の役所）まで六千五百三十七里。洛陽を出て一満六千三百七十里、戸数は十満、人口は四十満人、兵隊は十余満人である。

始め月氏が匈奴に滅ぼされると、ついに大夏に分かれて移住した。その国を休蜜、雙靡、貴霜、肸頓、都蜜の五翕侯に分割した。その 100 年後、貴霜翕侯の丘就郤（クジュラ・カドフィセス）が他の四翕侯を攻め滅ぼし、自ら貴霜国王と号した。安息（パルティア）に侵入し高府（カブール）地を占領した。

　さらに濮達・罽賓（ガンダーラ）を滅ぼしその土
地をことごとく領有した。
　丘就卻が死ぬとその子の閻膏珍（ヴィマ・カド
フィセス）が代わって王位についた。閻膏珍は、引
き続き天竺（インド）を滅ぼした。一人の総督を任
命してインドを統治させた。月氏はそれ以来、富裕
で最強の帝国になった。周辺諸国はみな尊称して貴
霜（クシャン）と呼ぶ。しかし漢は旧称によって、
大月氏と呼称する。

＊訳注　監氏城→　中央アジアのトルキスタンのバルカ
　のこと。大月氏（クシャン朝）の版図を下記する。

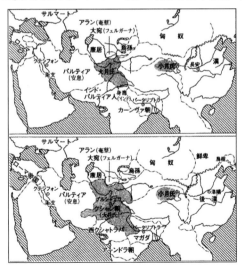

図44　大月氏（クシャン朝）の版図

仏像の誕生

　仏像は、ガンダーラで生まれ発展した。ガンダーラは（梵・Gandhāra）古代インド北西部、インダス河上流の地域で、**現在のアフガニスタン東部からパキスタンの北西部プルシャプラ（現・ペシャワール Peshāwar）を中心とする地域に存在した古代王国であった**。紀元前 6 世紀〜紀元 11 世紀まで存続した。

　ガンダーラの風土は、支配領土の地形と気候の多様性、人口の多さと歴史の長さである。

　その地形は、東はインダス河、北は、マラカン峠の山稜、西はカイバル峠の山脈、南は低い山地に囲まれた東西約 100km、南北約 70km の盆地状の土地である。山岳を背にし、インドと中央アジアの比較的狭い間の地域であり交通の要衝であった。

　気候は温暖で、農産物や果物に恵まれ古くから諸民族が侵入し都市を築いた所である。重要な地域であったため古くからインド、イラン、中央アジアの諸民族の争奪の舞台になった。それによってこの地へ諸方面から文化が流入する基礎となった。

　アレクサンドロス大王の東方遠征（BC326）に伴いヘレニズム（ギリシャ風）文化が持ち込まれた。その後この地を治めたマウリア朝・第 3 代のアショカ王（阿育王・在位 BC268~231）は、法による支

配を打ち出し、すでに商人層を中心に広まりつつあった仏教を信奉しその発展に大きな力を与えた。ガンダーラ地方に本格的に仏教が伝えられたのもアショカ王（阿育王）の時代であった。

このようにヘレニズム文化と仏教信奉する王の姿勢が融合して仏像文化の基礎が醸成された。

これまで仏陀の姿を表現することは意識的に避けられてきた。彫刻の当初は釈尊の姿を写したものでなく、仏教説話を表現する際には塔、足跡（仏足跡）とか、悟りを得た菩提樹、釈尊の説法を表す法輪など象徴的なものであった。

クシャーナ朝支配下のガンダーラとマトゥラー（Mathura）において、仏陀を人間の姿で表す仏像が誕生したのである。

中央アジアから中インドまで支配したクシャン朝は、広大な版図を確保した歴代王を祀り王権の授受を推進するべく神殿の建設にとりかかった。

広大な領土を獲得したクシャン王は諸王の王として特別に神格化した王像を提示する必要があった。神殿の建設を進め先帝の王像を祀った。

クシャン朝では偉大な人物の肖像をつくり、それを崇拝する習慣が一般的であったことが背景にあった。ガンダーラの仏像は、ギリシャ文化を摂取し皇

帝像をモデルにしたことは、十分に想定出来ること
である。

　その財力は、遠く地中海世界と交易し基盤を築い
た。通貨はローマのアウレス貨の重量標準に基づく
金貨制を採用した。

　クシャン朝の繁栄の要因は、ローマ・インド・中
国の三大世界の中間に位置して、隣国のパルティア
朝ペルシャと対抗しながらもシルクロードの要衝を
押さえて富を蓄積したことにある。ガンダーラ美術
はこうしたクシャン王朝の経済的基盤に負うところ
が多かったに違いない。次世代の閻膏珍（ヴィマ・
カドフィセス）王時代に仏像が創始され、カニシカ（迦
膩色迦）王時代に全盛期をみたものとみられている。

　先王時代の分列状態を統一して、王朝の最盛期を
実現した。領土は、西北はトルキスタンから東南は
北インド一帯に及んだ。

　晩年は仏教を保護し、首都プルシャプラ（現・ペシャ
ワル /peshāwar パキスタン北西部）に大塔や寺院を
建立した。カニシカ王が仏教を保護したので仏教美術
が発達した。首都のプルシャプラを中心とするガン
ダーラで興ったのでガンダーラ美術と呼ばれている。

　仏像は、カニシカ（迦膩色迦）王が発行した貨幣
にも刻まれ、さらにはガンダーラの都プルシャプラ
（現・ペシャワル）に大伽藍を建立したことは、こ

の王が仏教に対して特別の関心を払い保護したことを示している。

　そして諸仏・諸菩薩を信仰するため多数の仏像が製作された。製作地はガンダーラに次ぎ、しばらくしてガンジス河上流のマトゥラー（Mathura）（ニューデリーの南約150km）においても仏像彫刻が始まった。両地域で始まった仏像製作は2世紀頃に本格化した。4世紀頃ヘレニズムの影響を脱してインド独自の様式が成立した。

仁王の呼称とその起源

　仁王の呼称は、一般的に二王、金剛力士、蜜迹金剛力士、執金剛神、那羅延堅固王等と呼ばれている。{金剛杵}（こんごうしょ）（ヴァジラ）を手にする者を意味している。インドでは薬叉神の類とされるが仏教の経典では釈迦如来の守護神とされ、絶えず金剛杵を手にして釈迦如来と仏法の守護が説かれている。

　金剛杵とは、仏語。古代インドの武器。原語ではヴァジラ（Vajra）。すべてのものを破砕できる。仏教では煩悩を打破する菩提心の表象として用いる。真鍮・銅・鉄などで造り、手に握れるほどの大きさで形は細長く手杵に似ている。

　次第に諸仏・諸菩薩・仏法の守護神に発展して寺

域の守門神とされるに至ったと考えられている。

　仁王の起源は、釈尊の身近にあって護身の役を担う単独の裸形尊像で、インドの門衛ダバラパラ（Dvārapāla）に由来している。

　金剛力士の原語はヴァジラ・バーニ（Vajradpani）であり、また夜叉（ヤシャ・Yakṣa ＝能・敢勇健）の名である。

　密迹の原語は、グヒヤカ（Guhyaka）であり夜叉と同じく富神クベーラ（毘沙門天 Vaiśravaṇa）に仕える名称である。

　金剛杵<ruby>金剛杵<rt>こんごうしょ</rt></ruby>を持つことからヴェーダ（知識）の戦士インドラ神（雷神・帝釈天）のイメージが取り入れられたものと考えられている。

　インドラは、『リグ・ヴェーダ』に次のように記載されている。

> 「<ruby>雷霆<rt>らいてい</rt></ruby>神としての様相が最も顕著である。神酒ソーマを痛飲し、ヴァジュラ（金剛杵）を揮って蛇形のヴリトラ（障碍）、ヴァラ（洞窟）その他の悪魔を退治し人界に待望の水と光明とをもたらした」[27]

とあり、金剛杵を持っていることと、尊崇されてい

たことが書かれている。

　帝釈天は、仏界の中心である須弥山を守護する役
目である、押し寄せた外敵の大軍を前に「執金剛神」
に変身し、さらに上半身裸形の阿形の那羅延堅固王
と吽形の密迹金剛力士の二神に分身し、阿吽両者の
合力が発揮され左右から外敵を調伏したことによる。
　那羅延はナーラーヤナ（Nārāyaṇa）の音写で、
ヒンドゥー教ではヴィシュヌ神と同一視されてい
る。密迹金剛力士と合力し寺門を守る守護神である。
（尚学図書編著、『言泉』、小学館、1987、p.1739。
// 中村元編著、『図説仏教語大辞典』、東京書籍、
1988 年、p.504 参照。）

図 45 執金剛神 東大寺・法華堂（三月堂）

仁王＝執金剛神は、古代インドのガンダーラや
バールフット（インド中部、マディヤ・プラデーシュ
州北部にある仏教遺跡）の浮彫に見える。紀元前1
世紀に造られた「浮彫」に二神一対の像がみられる
という。

　浮彫は、像や模様を背景の平面から浮きださせる
彫り方である。日本では、興福寺の板彫り十二神像
が有名である。

　中国・朝鮮では、仏像が石窟の入口や石塔の左右
に配置されている。中央アジアでは武装形が多かっ
たが、中国で寺門の左右に安置されて一対で寺門の
守護尊になっている。

　中国の河南省・洛陽市竜門石窟に仁王が多く見ら
れる。また山西省の天龍山石窟・第八窟の入口に立っ
ていた石造の仁王一対（6世紀、隋時代）が、京都
の藤井斉成会有鄰館に所蔵されている。サイズは右
が238cm、左が235cmである。金剛杵をもち、腰
をせり出して威嚇する姿勢である。

　さらに朝鮮半島までみると韓国の分皇寺石塔に仁
王が彫られているのが知られている。

密教の経軌（経典）三者に見る「仁王」像

　　①「門の兩頬に、應に執杖の夜叉を作るべし。」[28]

122

とあり、

　門の両側に黙然として、応えず諸天の守護神を配置するべしと訳せる。（義浄訳、根本説一切有部奈耶雑事　第 17、大正蔵 24-283 中）

　　＊義浄は、中国唐代の僧。法顕、玄奘の風を慕い671 年広州から海路インドに渡ってナーランダ（那欄陀）寺で仏教の奥義を極め、各地を遊歴後、695 年梵本 400 部をもって洛陽に帰還後、三蔵の号をうけた。華厳経、唯識、密教などの仏典56 部 330 余巻を漢訳。

　　　②「梵に伐折羅陀羅という。此の伐折羅はすなわち是金剛杵、陀羅は是執持の義なり、故に舊譯に執金剛という。」[29]

とあり、伐折羅は金剛杵を持っており執金剛神という。（一行撰　大毘盧遮那成仏経疏　第 1、大正蔵 39—580　中）

　　＊一行は中国唐代の僧。高山、普寂より禅を、のち、善無畏、金剛智より密教を学ぶ、「大日経疏」20 巻を撰して、密教の基礎を築いた。

「執金剛神、身相赤肉色。忿怒降魔の相。髪
　　活焔鬘冠。左手は挙にして腰を押し右手に金
　　剛杵を持つ。金剛寶の瓔珞に、天衣は獣皮の
　　服、身を妙寶色に嚴る。」[29]
「訳」
　執金剛神の身体は赤肉色である。忿怒の形相をし
髪は火焔があがるべく束ねて結んでいる。左手はあげ
て、腰を押し、右手に金剛杵を持つ。金剛宝の珠玉を
繋いでつくった首飾りをし、天衣は獣皮の服を着て、
体はきめこまやかな色でがっちとしていかめしい。
（不空訳、攝無礙経、大正蔵 20-137 上）

　　＊不空は、中国・唐代の僧。北インドあるいは中
　　　央アジアの出身。密教付法第六祖。唐の洛陽で
　　　金剛智の弟子となる。

とあり、執金剛神の描写をあますところなく記述し
ている。

第10章 仁王の位置とその特徴

　仏像の種類は非常に多い。大きく分けると**如来、菩薩、明王、天部、声聞**の五つに分けられる。なかでも「**仁王**」が属する天部の数が圧倒的に多い。

　次に順を追ってそれぞれについて記述する。

　如来は、仏の別称の一つである。代表的なものは釈迦如来・薬師如来・阿弥陀如来・毘盧舎那如来・大日如来である。

　菩薩（観音）は、悟りを求めて精進する修行者のことで、すなわち如来に従って仏法を学ぶ者を菩薩という。

　代表的なものは、普賢菩薩・文殊菩薩・日光菩薩・月光菩薩・観世音菩薩・勢至菩薩・変化観音菩薩（馬頭観音 / 十一面観音）・虚空蔵菩薩である。

　また如来は、数多い菩薩の中から高位の者を選んで、常に両脇に侍らせている。この菩薩を脇侍の菩薩という。代表的な組み合わせは、次の通り

　釈迦如来＝ 普賢菩薩＋文殊菩薩、　　薬師如来＝日光菩薩＋月光菩薩、阿弥陀如来 ＝観世音菩薩

＋勢至菩薩、　大日如来＝虚空蔵菩薩、

　明王は、「密教」の作り出したもので真言（明呪）を唱えて祈ったとき、その霊験が最も大きい仏、つまり明呪の王さまという意味。悪を打ちくじき、威をもって正法に導くため、原則として忿怒形につくられている。代表的なものは不動明王・五大明王・愛染明王・孔雀明王である。

　声聞は、（梵 śrāvaka）の訳語。声を聴くものの意で弟子とも訳する。釈迦の説法を聞いて悟る弟子。阿羅漢になることを究極の目的とする仏弟子とか、新しい宗派を興した開祖とか庶民の尊敬崇拝を受けた高僧などの像をいう。

　天部は、古代インドの民間信仰の神々のなかで、釈尊の誕生以前から、海や山、太陽や雨などの自然現象を司ってきた神々であった。これらの神々を仏教が採り入れて仏になったものである。男女の性別があり姿形もさまざまである。これらインドの神々は、人間界の上部に住むものとして「天部」として位置づけられた。

古代インドの神々と天部の仏像

ヒンドゥー教神	神格	仏教の天部
ブラフマー	祭事や学問の神 仏教では護法神	梵天（ぼんてん）
シヴァ神	破壊と舞踏の神	大自在天（だいじざいてん）
ビシュンヌ	シヴァと同様 ヒンドゥー教の最高神	那羅延天（ならえんてん）
インドラ	雷の神	帝釈天（たいしゃくてん）
サラスヴァテイー	河と音楽の神	弁財天　（べんざいてん）
クベーラ	富の神	毘沙門天（びしゃもんてん）
スカンダ	盗賊の守護神	韋駄天　（いだてん）
ヤマ	冥界の神	閻魔天　（えんまてん）
マハーカーラ	破壊の神、死の神	大黒天　（だいこくてん）
ラクシュミー	福徳の神	吉祥天（きっしょうてん）
ガネーシャ	商業の神、財運向上の神	歓喜天　（かんきてん）
ダーキニー	夜叉、羅利	荼吉尼天（だきにてん）
マリーチ	陽炎の神	摩利支天（まりしてん）
アスラ	悪鬼	阿修羅　（あしゅら）

表 4 古代インドの神々と天部の仏像

　鎌倉時代に新しい尊像が生まれた。法隆寺の流れを汲む興福寺の像である。手に金剛杵を持たず、堂内に配置され檀上の諸仏を守護する役目をもっている。

図 46 金剛力士像　阿型　奈良・興福寺　鎌倉時代

図 47 金剛力士像　吽型　奈良・興福寺　鎌倉時代

　この天部は三つの系統がある。

武神⇒帝釈天｛執金剛神（仁王）｝・十二神将・四天
　　　王

福神⇒毘沙門天・大黒天・歓喜天

女神⇒鬼子母神・吉祥天・弁財天

　特殊な例として、千手観音菩薩の眷属（親族・一族）である28部衆の中に「仁王」が含まれることがある。千手観音菩薩は京都・三十三間堂（蓮華王院本堂）の像がよく知られている。ここでの守護神「仁王」の阿形は那羅延堅固王、吽形は、蜜迹金剛力士と呼ばれている。

　同じく天部に属し上記に掲げた十二神将は薬師如来を守護する。下記の通り。

薬師如来守護 12 神将

　薬師如来とは、(梵　Bhaiṣajyaguru の訳語) 東方浄瑠璃世界の教主。薬師はインドの王子として誕生。衆生の苦しみを見てそこから救い出すことを発願した。出家して苦行中に12の大誓願を立てた。衆生の病苦などの苦患いを救い、身体的欠陥を除き、悟りに至らせようとする仏である。

12 の大願とは、①具足、②光明照被、③所求、④安立大乗、⑤持戒清浄、⑥諸根完具、⑦除病安楽、⑧転女成男、⑨去邪趣正、⑩息災離苦、⑪飢渇豊満、⑫荘具豊満である。

　その大願が成就して仏界の東方に浄瑠璃国を建国した。それは阿弥陀如来が建設した西方の極楽浄土国に匹敵する大国であった。苦行中に悪魔から妨害された。其のとき薬師を助けたのが12の神将である。

　古来より医薬の仏として尊信される。脇侍に日光・月光菩薩と、時間と方位を担当する12神将が守護する。薬師経を受持するものを守護し薬師如来の本願を助けるものとされた。

No	神将名		時刻　　　本地（ほんじ）
1	宮毘羅（くびら）	大将	子（午後 11 時～午前 1 時）弥勒菩薩
2	伐折羅（ばさら）	大将	丑（午後 1 時～午前 3 時）勢至菩薩
3	迷企羅（めきら）	大将	寅（午前 3 時～午前 5 時）阿弥陀如来
4	安底羅（あてら）	大将	卯（午前 5 時～午前 7 時）観音菩薩
5	頞儞羅（あにら）	大将	辰（午前 7 時～午前 9 時）如意輪観音
6	珊底羅（さんてら）	大将	巳（午前 9 時～午前 11 時）虚空蔵菩薩
7	因陀羅（いんだら）	大将	午（午前 11 時～午後 1 時）地蔵菩薩
8	波夷羅（はいら）	大将	未（午後 1 時～午後 3 時）文殊菩薩
9	摩虎羅（まこら）	大将	申（午後 3 時～午後 5 時）大威徳明王
10	真達羅（しんだら）	大将	酉（午後 5 時～午後 7 時）普賢菩薩
11	招杜羅（しょうとら）	大将	戌（午後 7 時～午後 9 時）大日如来
12	毘羯羅（びから）	大将	亥（午後 9 時～午後 11 時）釈迦如来

表 5　薬師如来守護 12 神将

　次に東西南北の守護神である四天王を、東大寺に配置されている像について観てみたい。

四天王

　四天王は、インドに仏教が興る前の神話時代からあった神で、その後、仏教にとり入れられて四方を警備する神となった。その姿は本来、インドの貴人の容姿であったが、仏教が中国に伝えられる頃になると、次第に恐い顔をして甲冑を付けた武神の姿になった。

　仏の世界を守るために、月に 6 回この世に下り四方を隈無く見張る。人々の行いや善悪を監視し、逆らう仏敵がいれば懲罰を加える。

　四天王は、日本の寺院で御堂の中の須弥壇の四隅に配置されている。役割は仏の世界の警護役を務め監察官や懲罰者になっている。

　仏教の守護神として東西南北の四方を守っている。東に持国天、南に増長天、西に広目天、北に多聞天（毘沙門天）が配置されている。通常甲冑をつけ邪鬼を足下に踏んでいるのが特徴である。

　その一方で四天王の傍には帝釈天が控えている場合が多い。

持国天……Dhṛtarāṣṭra：東方の守護神。国を支え
る役目、左手に刀または鉾を持つ。
兜をかぶり、剣をとり、眉を寄せて眼を
怒らせ、<u>口を結んでいる</u>。

図48 持国天（奈良・東大寺戒壇院）

増長天……Viruḍhaka：南方の守護神。芽生えた
　　　　穀物を意味する。右手に太刀を持ち、左
　　　　手の拳を腰に。まげをきりっと結いあげ、
　　　　口を開いて、怒り、戟を持つ。

図 49 増長天（奈良・東大寺戒壇院）

広目天……**Virūpākṣa：**西方の守護神。悪人を罰
して、仏心をおこさせる役目。
　　右手に筆、左手に巻物を持ち、眼を細め
てにらみすえている。

図 50 広目天（奈良・東大寺戒壇院）

多聞天......Vaiśravaṇa：北方の守護神。護法と施
　　　　　　福を司る役。左手に宝棒、右手に宝塔を
　　　　　　持つ。

図 51 多聞天（奈良・東大寺戒壇院）

　次に天部に属し、千手観音菩薩を守護する二十八
部衆をリストアップした。密迹金剛力士・那羅延堅
固王をはじめ梵天・帝釈天・四天王・弁財天・八部
衆も守護者で天部の代表を集めている。

「二十八部衆」千手観音の眷属

1	密迹金剛力士	みつじゃくこんごうりきし	15	毘沙門天王	びしゃもんてんおう
2	那羅延堅固王	ならえんけんごおう	16	金色孔雀王	こんじきくじゃくおう
3	摩醯首羅王	まけいしゅらおう	17	婆藪仙人	ばすうせんにん
4	金毘羅王	こんぴらおう	18	散脂大将	さんしたいしょう
5	満善車王	まんぜんしゃおう	19	難陀龍王	なんだりゅうおう
6	摩和羅女	まわらじょ	20	沙迦羅龍王	さからりゅうおう
7	畢婆迦羅王	ひばからおう	21	阿修羅王	あしゅらおう
8	五部浄	ごぶじょう	22	乾闥婆王	けんだつばおう
9	帝釈天	たいしゃくてん	23	迦楼羅王	かるらおう
10	大弁功徳天	だいべんくどくてん	24	緊那羅王	きんならおう
11	東方天	とうほうてん	25	摩侯羅迦王	まごらかおう
12	神母天	じんもてん	26	大梵天王	だいぼんてんおう
13	毘楼勒叉天王	びるろくしゃてんおう	27	金大王	きんだいおう
14	毘楼博叉天王	びるばくしゃてんおう	28	満仙王	まんせんおう

表6 二十八部衆

第 11 章　山門と須弥壇の仁王

　山門とは、寺院正面に造られた楼門のことで、須弥壇とは、仏像を安置する台座のことをいう。

　東大寺南大門の東西に安置されている金剛力士像がある。一般に金剛力士、密迹力士、仁王と称されている。制作・仏師は運慶・快慶等である。

『東大寺事典』によると次の説明があるので紹介する。

　　「像の着工は、建仁 3 年（1203 年）7 月 24日で、作者は大仏師、運慶・快慶・備中法橋・越後法橋の 4 人と工人 20 人で造像し檜材を用いて寄木工法で巨像を作っている。10 月 3 日に開眼した。

　　この仁王は南面せず東西に向かいあっている。東に吽形、西に阿形を配置している。

　　阿形像は右肩に長大な金剛杵を担ぎ、右手でその先をささえ左手は臂をまげて掌を立てると同時に五指を開いて上体を反り返らせて、悪賊を叱咤する姿を示している。

　　仁王の配置は大陸の形体、ことに朝鮮半島の

寺院にもみられるところである。

吽形像は右臂を高くあげ、掌を前に向けるとともに指は第1・2指を捻り、左手で金剛杵をさげ腰を引き気味にして左足を踏み出した瞬間の姿を示し、指先に力量を意識している。**金剛杵**（こんごうしょ）とは、仏語。古代インドの武器。原語ではヴァジラ（Vajra）。すべてのものを破砕できる。仏教では煩悩を打破する菩提心の表象として用いる。真鍮・銅・鉄などで造り、手に握れるほどの大きさで形は細長く手杵に似ている。」[31]

とあり、その巨大さは格別であり圧倒される、また配置は向き合う構図になっており、例が無い独特のものである。

法隆寺門守護の仁王（金剛力士）

寺門に祀られた日本最古の仁王像は8世紀に造られた奈良・法隆寺の仁王像である。上半身裸体で筋肉隆々としている。

中門に仁王（金剛力士）を配置するのは、飛鳥・白鳳時代の特徴である。

この中門から回廊が延び金堂と五重の塔を結んでいるのも飛鳥・白鳳時代の伽藍配置の特徴で

ある。

　また、この時代に建てられた寺院建築の円柱は、中央部分にゆるやかな膨らみがある。中央部分を膨らませることによって安定感を持たせている。古代ギリシャのドーリア建築に顕著に見られる。パルテンノン神殿などに用いられた様式がシルクロードを通り大和に伝えられたのである。

　ギリシャの神殿建築の柱は、中央が緩やかに膨らんでいるが、日本の柱にみられる膨らみは、下から三分の一位の位置が一番太い。眼の高さの位置を太くすることによってさらに重厚感を持たせている。

　次の図は、信州・善光寺の山門を守る仁王尊である。作者は高村光雲（明治の彫刻家）と米原雲海（明治の彫刻家）で、約4.8mの大作である。本堂に向かって右側には、左手を振り上げて右手を真っ直ぐのばしている吽形である。左側には右手金剛杵を持ち上げた阿形である。

　善光寺の山号は定額山。皇極天皇元年（642）信濃の国麻積（おうみ）里、本多（田）善光が堂宇を創建し三国伝来の一光三尊の阿弥陀仏を安置したのが始まりと伝えられる。

図52 信州・善光寺山門の仁王　左側阿形・右側吽形

四天王寺（荒陵山）

・所在地………大阪府天王寺区四天王寺
・本　　尊………救世観音菩薩
・開　　祖………聖徳太子
・歴　　史………四天王寺は飛鳥寺（法興寺）と並ぶ
　　　　　　　　日本最古の寺院である。四天王寺は
　　　　　　　　平安時代以降、太子信仰のメッカと
　　　　　　　　なった。西門が西方極楽浄土の東門
　　　　　　　　（入口）であるという信仰から浄土
　　　　　　　　信仰の寺としての性格も加えられ、
　　　　　　　　太陽の沈む方角は極楽浄土があると
　　　　　　　　信じられ、西門は西方の海に沈む夕
　　　　　　　　日を拝む聖地として多くの信者を集
　　　　　　　　めている。

　四天王寺（荒陵山）は、日本最初の官寺である。
伽藍の配置は中門・塔・金堂・講堂が南北に一直線

に並びそれらを回廊が囲む様式である。これを四天王寺式伽藍と称されている。

　四天王寺が創建されたのは、推古元年（593 年）聖徳太子が鎮護国家と衆生救済のため仏教の守護神である四天王（持国天・増長天・広目天・多聞天）を安置して建立された。

　聖徳太子の偉業は、創建時点に四箇院（敬田院・悲田院・療病院・施薬院）を設置したことである。

　仁王は、仁王門と東大門に配置されている。日本仏教の祖とされる「聖徳太子建立の寺」であり仏教の諸宗派にこだわらない和宗の総本山として名高い。

　次の図は東門の仁王像（阿形）である。

図 53 四天王寺　東門の仁王像（阿形）

叡福寺（磯長山　しながざん）の仁王門

・所在地………大阪府南河内郡太子町
・本　　尊………聖如意輪観音菩薩

　　　　　　　　如意とは、如意宝珠、輪は法輪を意味
　　　　　　　　し、如意宝珠の三昧に住して六道の衆
　　　　　　　　生の苦を取り除き利益を与えることを
　　　　　　　　本誓とする菩薩である。

・開　　祖………聖武天皇
・歴　　史………聖徳太子の没後、叔母にあたる推古
　　　　　　　　天皇が土地を寄進して僧侶の住む堂
　　　　　　　　を建てたのが始まりとされている。
　　　　　　　　叡福寺は聖徳太子ゆかりの寺とし
　　　　　　　　て、歴代の天皇や権力者に重んじら
　　　　　　　　れた。

図54 磯長山　叡福寺の山門

図 55 磯長山　叡福寺山門の仁王像

鶴林寺（刀田山・とださん）

- ・所在地………加古川市加古川町北在家
- ・本　　尊………薬師如来
- ・開　　祖………聖徳太子
- ・歴　　史………6 世紀中頃、朝鮮半島から日本に渡
  来していた恵便法師は物部氏ら廃仏
  派の迫害を逃れて、この地に隠れて
  おられた。聖徳太子は 12 歳のとき
  このことを聞きこの地に来られた。
  その後 16 歳の時（589 年）に渡来
  人の秦河勝に命じて精舎を建立し、
  四天王寺聖霊院と名付けられたのが
  当寺の始まりであるとされている。
  西の法隆寺、播磨の法隆寺と称され
  ている。創建は崇峻天皇 2 年（589
  年）。創建時の寺号は四天王寺聖霊

院であった。

養老2年(718年)武蔵の国の大目「身人部春則」（むとべはるのり）が太子の徳を顕彰するため七堂伽藍を建立した。さらに9世紀はじめ慈覚大師・円仁が入唐の際に立ち寄り薬師如来を刻し国家安泰を祈願され以後天台宗になった。平安時代の天永3年（1112）に鳥羽天皇によって勅願所に定められたのを期に「鶴林寺」と改めたとされている。

＊次の図は、戸田山　鶴林寺山門の仁王像である。

図56 戸田山　鶴林寺　山門の仁王

第12章 「阿吽の世界」定着

　神社と仏閣の守護役割の分担は、明治元年、神仏分離政策により祭神の守護が獅子・狛犬で、本地仏（仏像）の守護は仁王が担うという分担が成立した。以降、獅子・狛犬と仁王は阿吽の形態で守護分野を広げつつ我が国全土に定着してきたのである。

御輿守護の獅子・狛犬

　神は通常において神社の本殿に鎮まっているが、祭礼の時には本殿からお出ましになる。この時に神が乗る乗り物が神輿である。古くは天皇の乗り物を総称していた。

　祭の本番の宵宮の日に陽が落ちて暗くなってから、神官が御霊の移御を行う。

　御霊が御輿の中に入って初めて神の乗り物になる。

　神輿は神社の本殿を模して小型化したものが大半である。形は四角形・六角形・八角形等がある。

　その構成は、台と胴と屋根で成っている。屋根の中央には鳳凰を飾っている。

145

台には二本の棒を貫いて、これを大勢で担ぐ方式になっている。

祭礼の日、神の御分霊を遷した神輿が神社から出ることを「宮出し」という。

神輿が氏子内へ渡御することを「神幸祭」という。道中で留まって饗応を受ける処を「御旅所」という。再び御神座に還御するのが「宮入」である。

獅子・狛犬はその神を守護するのである。神輿の枡組から外側に張り出した肘木の四隅に二体ずつ彫刻され、計八体の獅子・狛犬が配置されている。東西南北を二体ずつで睨みを利かしたのである。次の図57に掲載。

獅子舞（無言劇）

神社の祭礼では獅子頭をかぶって、五穀豊穣の祈願や悪魔払いを清めるものとして神様に奉納される。

獅子舞は獅子頭をかぶって一人又は二人・三人で長時間きつい姿勢で踊る無言劇である。複数人で踊る場合は、動く方向・飛び跳ねる間合いなどが合致しなければならない。まさに「**阿吽の呼吸**」が求められるのである。

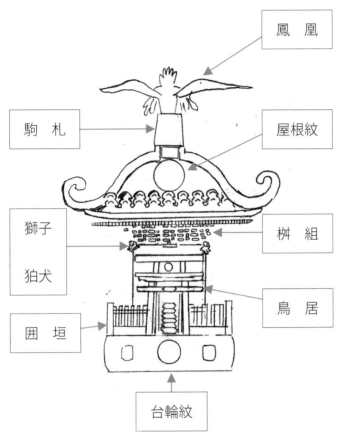

鳳　凰

駒　札

屋根紋

獅子

狛犬

桝　組

囲　垣

鳥　居

台輪紋

図57 御輿を守護する獅子・狛犬

　枡組の下に狛犬が飾られている。矢印の先。

○大阪市北区の難波橋（通称・ライオン橋）

　土佐堀川・中之島公園・堂島川をまたぐ堺筋に架

けられている。全長190mの橋。橋詰めの4ヶ所に阿形と吽形の2体の石造のライオンが配置されている。

このことからライオン橋の愛称でも親しまれている。

図58 難波橋・南詰　左側　口を開けている阿形像
図59 難波橋・南詰　右側　口を閉じている吽形像

難波橋の南詰及び北詰には黒雲母花崗岩を素材にした獅子像が設置されている。

1915年、池上四郎市長が彫刻家・天岡均一氏に依頼して作成された。

特殊な狛犬

獅子・狛犬のモデルの主流は、ライオンと一角獣であるが、神社の創立背景と地域性で狼・狐・虎・竜等がある。狼と狐はイヌ科の哺乳動物で田畑の農作物を横取りする猪・鹿・鼠を追い払ってくれる習性がある。

それによって農家から崇められたのである。

　狼の狛犬は、**秩父山地**（山梨県・埼玉県・群馬県・東京都にまたがる）近辺に多く見られる。この地方は平安末期から神社が創建され修験道の道場として発展してきている。修験者は狼を「山の神」のお使いとして位置づけ信仰の対象となっていったのである。

　また**稲荷神社**は、**狐**の狛犬である。田畑を荒らす鼠を捕食するので農家から崇められ神社の守護をするようになっていったのである。

　その他、珍しいタイプは八咫烏、白鷺、鷲、鳩、鯛、鰻、河童、亀、蛙、カメレオン、犬、猫、鼠、鹿、猿、狐・龍・馬等がある。

以上 1~12 章に掲げた通り

　獅子・狛犬は、神社の入口の両脇や本殿正面の左右に一対で向き合う格好で配置されている。さらには橋など構築物、神輿などに配置されている。左（向かって右）に獅子（ライオン）と、右（向かって左）に犬に似た獣で一本の角が生えている像である。従い左右は其々別な動物である。また獅子・狛犬の向きは参拝者と向き合う形式になっている。

　仁王は、寺院の山門又は須弥壇（仏像を安置する台座）前面の左右両脇に安置されている。そして釈

尊と寺院とを守護するため度迫力忿怒の形相で伽藍を守護している。一般的に向かって右側に配置されている方を阿形、向かって左側に配置されて閉口した方を吽形と呼ぶ。阿形は、金剛・金剛力士・那羅延金剛などと呼ばれ、吽形は力士・蜜迹力士などと呼ばれている。

　古代守護神の思想が獅子・狛犬と仁王に導入され、エジプト・ギリシャ・オリエント・ガンダーラ・インド・西域・中国等の諸地域からシルクロード等幾多の道筋を経て東漸し極東の日本に定着したのである。

おわりに

　コミュニケーションは「阿吽の世界」を理解・習得することによって、認識が深まり、情報の受発信の感度が格段に向上すると考える。
「阿吽」とは、二人以上が一緒に物事をするときの相互の微妙な調子・気持ちがぴったり一致することである。

　その「阿吽」は、古代守護神の役割を担った [ライオン（獅子）] と [仁王] に移植された。
　ライオン（獅子）は百獣の王である。エジプト・オリエント諸国でその威力を借りて王の椅子や、神殿の聖域で門柱や神殿脇に守護神として、スフィンクス（人面のライオン身体）を設置したのである。
　また、多くの国がライオンの威力を認めて、国旗・国章や貴族の紋章に採用している。
　[仏像や仁王] は、古代インドのガンダーラやマトラーで制作された。紀元 2 世紀頃カニシカ王が仏教の保護政策を打ち出し隆盛した。先祖を祀る神殿と諸仏像を彫像した。仁王はガンダーラやバールフットの仏教遺跡に浮き彫りに見えるところから遺跡を守護する仁王・獅子の像も当然制作した

ものと考える。

　これらの文化・伝統は、シルクロードを経て西域諸国・古代中国に伝播した。
　漢民族は、シルクロードの名称が使われなかった時代には、西方の地域の呼び方を、辺境・異地・胡地と言っていた。紀元前、漢の武帝は、張騫をはじめ多数の使節を西域へ派遣した。西域との交流が確立してシルクロードが開通すると、ギリシャ・ローマ・ペルシャ・インドの文明が、漢へ大量に入ってきた。
　ガンダーラ地方からは仏教・仏像・仏典が伝わった。その結果、物品に加え宗教・音楽・芸術・工芸・文学・社会制度・思想等が伝播した。仁王は仏像の守護、獅子は神殿の守護として伝播したのである。

　中継地点の中国と高麗はじめ朝鮮半島には、優れた木工・石工・金工の彫刻師がいたので、帰化人の築造技術や仏教と共に四大文明圏の文化がシルクロードを経由して伝播したのである。
　西域から中国に持ち帰った物品に、胡麻・胡椒・胡瓜・胡豆・胡桃・胡葱・胡弓等がある。珍しい植物が各地で栽培された。胡麻・胡椒・胡瓜等は、日本に伝わり今日においても愛用されている。また伎

楽（胡旋舞）も西域からもたらされた。

　獅子・狛犬の名称は、西域から渡来文物の名前に「胡」がつくことから、伝播ルートや文化からみても「胡麻獅子・胡麻犬」になる。胡摩犬の文字は、『類聚雑要抄指図巻』にみえる。日本に伝わった頃の訳が、胡麻犬を胡摩犬・高麗犬と訳し、さらに狛犬という名称に変化し定着したものと考える。

　古代の阿吽の思想が、仁王、獅子・狛犬に導入され獅子舞の無言劇へ展開していったのである。

　仁王は、寺院の山門又は須弥壇（仏像を安置する台座）前面の左右両脇に安置されている。釈尊と寺院を保護するため度迫力忿怒の形相で伽藍を守護している。向かって右側に配置されている方を阿形、向かって左側に配置されて閉口した方を吽形と呼ぶ。阿形は、金剛・金剛力士・那羅延金剛などと呼ばれ、吽形は力士・密迹力士などと呼ばれている。

　獅子・狛犬は、神社の入口の両脇や本殿正面の左右に一対で向き合う格好で配置され、また参拝者と向き合う形式になっている。

　左（向かって右）に獅子（ライオン）と、右（向

かって左）に犬に似た獣で一本の角が生えている像である。この一角獣（ユニコーン）は、第4章の狛犬（一角獣）の源郷の条において解説した通り、モデルは「犀」の可能性が大と考える。

神社や御輿、橋の守護神としても配置されている。例外的に左右とも開口しているのもあるが、大半は左右の阿吽形式である。また神社・仏閣や民家の屋根瓦には獅子をモデルにした鬼瓦が使用されて守護している。沖縄では民家の屋根に獅子（シーサ）が置かれている。

守護場所役割分担の背景は、明治政府が文明開化の一環として、明治元年に神道の国教化を推進した。神社から仏教的要素を排除する神仏分離政策（神仏判然令）を発令したことによる。獅子・狛犬はそのままで良いが、本地仏（仏像）及び守護する仁王は取り除き仏閣に移転した。
　この法令によって本地仏（仏像）の守護が仁王で、祭神の守護は獅子・狛犬が担う分担が成立した。

我国には、古代から根付いている精神文化の「阿吽の呼吸」があり、その阿吽が今まさに見直されているのである。

「阿吽の世界」は、時空を越え今日の我国に於いて獅子・狛犬と仁王が神社と仏閣で脈々と生き続けているのである。

　この「阿吽の呼吸」を養うためには、それぞれ各自が「人」としてあるべき姿を描き、価値観の共有をはかるとともに、相手を尊重し、謙虚さ・傾聴・感謝などの姿勢を貫き、普段から関係者及びパートナーと、よりよきコミュニケーシをはかり信頼関係の構築が重要であると考える。

　筆者は本書で、なじみの深い「阿吽の呼吸」について、なぜ「阿吽の思想」を仁王と獅子・狛犬に付与したのか、その源流に遡りその特徴、歴史、伝播等を調査し明らかにした。ただ主観的解釈になってしまったきらいがありますがご容赦願いたい。

語釈と資料

「語釈」その1　本文と関連した語句

＊梵語
<ruby>梵語<rt>ぼんご</rt></ruby>

　サンスクリット（Saṃskṛta）語の別称。（インド・アーリア語）インドの伝承ではサンスクリット語の起源が造物神ブラフマン（梵天）にあるとされているところから、中国・日本でこのように呼ばれている。

＊悉曇＝梵語 Sīddhaṃ の音訳＝成就・吉祥。
<ruby>悉曇<rt>しったん</rt></ruby>

＊理体＝万有の本体、道理。
<ruby>理体<rt>りたい</rt></ruby>

＊種子＝物事の根本、基本。
<ruby>種子<rt>しゅうじ</rt></ruby>

＊大日如来＝原名 マハーバイロチャナ（Mahāvirocana）。音訳して摩訶毘盧遮那と称する。真言密教の教主で、一切の仏菩薩の本地。
　華厳経に説かれる盧舎那仏が展開して成立した。密教に於ける最高の尊格で全ての諸仏、諸菩薩が帰一する存在とされる。

＊**盧遮那**＝盧遮那仏の略
_る_{しゃ}_な

＊**薩埵**＝梵 Sattva の音訳。衆生、勇猛、生命のあるもの意。

＊**菩薩**＝菩提薩埵　梵 Bodhisattva の略。
　覚有情、開士、大士、大心衆生などと訳す。釈迦牟尼の生前の呼称。大乗仏教が興って、修行を経た未来に仏になる者の意で用いる。また悟りを求め修すると、ともに他の者に悟りに到達させようと努める者。また仏の後継者としての観世音、弥勒、地蔵等。

＊**菩提**＝梵　Bodhi の音訳。煩悩を断って得られた悟りの智慧。

＊**涅槃**＝梵　Nirvāṇa の音訳。
_ね_{はん}
　「滅度」「寂滅」などと訳する。すべての煩悩を消し悟りの智慧を完成した境地。解脱した悟りの境地。

＊**梵天**＝梵　Brahman の訳。
_{ぼん}_{てん}
　インド古代宗教で、世界の創造主として尊崇された神。古代インド思想で宇宙の根源とされるブラフマンを神格化したもの。仏教に入って色界の初

禅天に住む仏教護持の神になった。十二天、八方
天の一つで、帝釈天と対をなすことが多い。

＊帝釈天＝梵　Śakra-devānām-indra（釈提桓因陀
　羅の訳語）仏語
　　もとインドの古聖典『リグ＝ヴェーダ』＝ Rg-ve-
　da-samhita に現れるインドラ神（雷神）。仏教に入
　り梵天とならび称される。仏教の守護神。十二天の
　一つである。また八方天の一つとして東方を守る。

＊『リグ＝ヴェーダ』リグは「賛歌」、ヴェーダは「聖
　なる知識」
　　インド・バラモン教の聖典。10 巻 1028 編の賛歌
　からなる。紀元前 1500〜前 1000 年頃成立。イ
　ンド最古の文献で多くの神々に捧げられた賛歌。

＊十二天＝仏語。一切の天龍・鬼神・星宿・冥官を
　統一し世を護る十二の神
　　四方・四維の八天に、上下の二天および日・月
　天を加えたもの。
　　東に帝釈天①、東南に火天②、西北に風天③、南
　に閻魔天④、西に水天⑤、西南に羅刹天⑥、北に
　多聞天（毘沙門天）⑦、東北に大自在天⑧、上に
　梵天⑨、下に地天⑩、および日天⑪、月天⑫の総称。

＊須弥山（梵　Sumeru の音訳）

　須弥山とは、聖なる山の事で、インド人にとってはヒマラヤ山であり、その南麓に所在するネパール王国カピラバストウの王子として、お釈迦さんが誕生されたという。このことからヒマラヤの上空に仏界があると考えられたのである。

　仏教の世界観は上記を踏まえ世界の中心に聳えるという高山が大海中にあるとしている。

＊戒賢

　インドの学僧。サマタンタ国の王族。パトナ近くのナーランダ僧院で約５年間、玄奘を教えた。

＊マヌ法典

　「マヌ」は人類の祖の意味。紀元前２世紀頃、インドで旧来の法を集大成して成立した法典。内容は宗教・哲学・民法・刑法・行政・経済・カースト制度・日常生活にわたる規範を述べ、インド人の生活を長く規定した。後の諸法典の基礎となった。

＊ストーパ

　ストーパは、仏塔と訳される。本来は土やレンガの堆積の意味で、必ずしも舎利のための構築

物でなかった。ストーパは、時代と地域によって多様化した。

中国では傘蓋部分が相輪となって木造の楼閣の上にのる様式になっている。材質も木塔・塼塔が主流である。

日本では中国の塔を継承しつつ、三重塔・五重塔など木造の塔が発達した。

＊ブッタガヤ（仏陀迦耶・Buddha-Gayā）

インド東部、ビハール州ガヤの南方で、ガンジス河の支流ニーラージャナー川に臨む仏教の聖地。釈迦が６年間の苦行の後、この地の天竺菩提樹の下で悟りをひらいたという。四世紀に大菩提寺（大覚寺）が建てられ教学の中心となった。

＊カピラバストゥ（Kapilavastu）迦毘羅婆蘇都

古代インド・シャカ族の都。前６世紀頃ヒマラヤ山麓のネパール国境地帯にあった。ゴータマ・ブッダ（釈迦）は、此の地の支配者一族の出身で、当時シャカ族はコーサラ国の主権下に置かれていた。ブッダの晩年にコーサラ国に滅ぼされた。

＊ナーランダ（Nālanda）

インド北東のブッタガヤの北東に位置する町で

今日ではビハール州にあたる。

5世紀頃に創設された最大の仏教学院（今日の大学）があった。学生は 10,000 人以上、教師は 1,000 人を数えたといわれる。

「ナーランダ」は、蓮のある場所という意味。蓮は智慧の象徴である。よって智慧を与える場所、智慧を授ける場所と解釈されている。

＊タキシラ遺跡（Taxila）

パキスタンの北東部、ラワルヒンディー北西 26km に位置する。ガンダーラ地方最大の古代都市遺跡。前 6 世紀頃に最初の町が形成された。マウリア朝時代に北西辺境の重要地として発展した。前 2 世紀にバクトリア（大夏）のギリシャ人が侵入してインド・ギリシャ国を築きその首都となった。

1世紀頃からクシャン朝時代の仏教文化の中心地として繁栄したが 5 世紀頃エフタルによって破壊された。

＊マトゥラー（Mathura）

インド北部ウッタルプラデーシュ州の北部に位置し、ジャムナ川に面する都市。マトゥラー県の行政所在地。ヒンズー教・クリシュナ神誕生地とされ、聖地の一つ。前 6 世紀にサウラセナ国の

首都となり、クシャン朝からグブタ朝を中心に栄え古代美術史上に大きな役割を果たした。11世紀以後デリーやアフガニスタンのイスラム王朝によって度々略奪や破壊を受けたため古い寺院は残っていないが、仏像・薬師像などの仏教・ジャイナ教関係の彫刻の他クシャン諸王の像がなどが残っている。ジャナム川に沿って沐浴場と寺院が並びヒンドゥー教の重要な巡礼となっている。

＊サールナート　(Sārnāth)

インド北部、ワーラーナシの北6kmにある仏教遺跡。別称：鹿野苑（ろくやおん）。釈迦が始めて説法を行った転法輪の聖地。ダルマラージカ・ストーバはアショカ王時代に基礎を置いている。その近くから見出されたアショカ王石柱の柱頭には丸彫りの獅子からなりインドの国旗に描かれている。

＊大日経

仏教経典。真言三部経の一つ。7巻。真言密教の根本経典。

＊金剛頂経

仏教経典。真言三部経の一つ。

＊真言三部経

大日経、金剛頂経、蘇悉地経をいう。

＊調伏（damma）

怨敵、悪魔、敵意ある人などを心服させ、障害を破ること、また心身を整えて悪行や煩悩などを除くこと。

＊天禄獣

古代中国の想像上の動物。形は鹿または牛に似て尾が長く、一角のものをいう。二角のものは辟邪という。

＊ファラオ

英 Pharaoh。大きな家。エジプト語では太陽の意。古代エジプト王の称号。

＊仏教

釈迦の説いた仏となるための教え。人生は苦であるということから出発し、八正道（正見・正思惟・正語・正業・正命・正精進・正念・正定）の実践により解脱して涅槃に至ることを説く。前５世紀インドのガンジス河中流におこって広まった。のち小乗・大乗仏教として発展した。

アジアに普及した。日本には6世紀に伝来した。

＊密教

大日如来を本尊とする深遠秘密の教え。加持・祈祷を重んじる。7〜8世紀頃にインドで興り唐代に中国へ伝わった。

日本には平安初期に空海・最澄によって伝えられ、貴族などに広く信仰された。

＊チムール Tīmuūr

中央アジアのイスラム王朝。チムールが建国。15世紀が全盛期で首都のサマルカンドを中心にイスラム文化が栄えた。

＊ホラズム Khorazm

古くからの中央アジアの地方。現在はウズベキスタン共和国の州名。アムダリア川下流流域の肥沃な三角地帯を占める。中央アジア古代文明の中心地でゾロアスター文化が栄えた。

＊ミトラス教（英 Mithraism の訳語）

ゾロアスター教のミトラ神信仰のローマ的形態。ミトラスはゾロアスター教ではアフラマズダの脇侍の地位を持つにすぎないが、これが小アジ

ア近隣に伝道されミトラス神と呼ばれ創造・救
済の神となり、西暦元年をはさむ数十年の間に、
これらの土地で密儀宗教として成立した。

＊乾漆

奈良時代の彫像の作り方の一つ。土または木の
原型に砥の粉や木屑入りの漆を厚く塗り、その
上に麻布を張り、それを交互に繰り返して作り
上げる。

＊バグダード（Baghdad）

イラク共和国の首都。チグリス河中流の両岸に
分布する西アジア隊商の貿易路の要地として発
達した。八世紀にアッパース朝の首都となった。
イスラム帝国の拡大とともに世界一の大都市に
発展したが十二世紀には蒙古軍、十五世紀には
チムール軍の攻撃で破壊された。
1921 年イラク王国の首都になってから近代都
市が発達した。

「語釈」その2　『漢書』に登場する地名・国名・人物及び武具・動物名等

＊張騫

中国前漢の外交家・全権使節。武帝の時代に匈奴を牽制するべく大月氏と同盟を結ぶために出発した。道中匈奴に捕まるも脱出し西域へ向かった。同盟は不成立だったが大苑・大月氏・大夏をまわり、第2回の遠征は烏孫に使いして同盟を勝ち取り西域への交通路と知識を中国にもたらした。

＊甘英

後漢の武将。ローマに派遣された中国の軍事大使。和帝の永元9年（紀元97年）、西域都護であった班超の命によって当時大秦と呼ばれていたローマとの国交を開く任務を託された。途中西海渡航の困難に直面した。甘英は軍とともにパルティア王国（イラン高原北東部）まで到達した。

＊法顕

中国・東晋時代の僧。平陽（山西省）の人。

399年、60余歳で律蔵を求めて陸路インドまで行き412年海路で帰国。その後持ち帰った経典を漢訳し見聞記『仏国記』を著わしている。

＊韋節（いせつ）

7世紀中国の旅行家。隋の煬帝のとき、侍御使として中央アジアとインドに派遣された。罽賓国（ガンダーラ）において瑪瑙（めのう）の杯を入手。さらにガンジス河中流のラージャーグリハで仏典を入手。

＊玄奘三蔵（げんじょうさんぞう）

中国、唐初の僧。仏教の疑義を解明するため629年単身、長安を出発、苦難を克服し西域諸国を経て、アフガニスタンからインドに入る。ナーランダ寺の高僧に学び645年帰国。この時インドから仏像と経典を持ち帰った。太宗の支援のもと経典を翻訳した。20年間に『大般若波羅蜜多経』600巻に達した。

＊慧超（えちょう）

朝鮮、新羅の学僧、旅行家。少年時代に唐へ渡

り在唐のインド高僧・金剛智に師事した。その後インドに赴いた。

＊マルコ・ポーロ

Marco Polo　イタリア・ベネチュアの商人・旅行家。1271 年、東方に旅立ち中央アジアを経て「元」に至った。フビライに厚遇された。『東方見聞録』を著す。

＊ガブブニ・ルブルク

『中央アジア蒙古旅行記』を著す。

＊イブン・バットゥータ

Ibn Battūtah　1304 年、モロッコ北部で生まれる。アラビアの旅行家。メッカの巡礼途上陸路エジプトに入り、アラビア・イラク・イラン・シリア・等々歴訪する。

＊河西回廊

河西とは黄河の西で、河西回廊とは、南に祁連山脈、北にトンゴリ（騰格里）、パタンジリン（巴

丹吉林）の二大沙漠をひかえ、それらに挟まれた東西に長く廊下のように続く地峡である。漢から西域に通じるには最重要のルートであった。回廊の区間には東から蘭州・烏鞘嶺・武威・山丹・張液・酒泉・安西の都市が栄えた。区間距離はおおよそ 1,100km。

＊シル川

中央アジア、ウズベキスタン共和国東部からカザフスタン共和国南部を流れる川。水源は天山山脈でフェルガナ盆地を貫流してアラル海に注ぐ全長 2,212km。

＊カラコルム

モンゴル、オルホン川左岸にあったモンゴル帝国の首都。合刺和林。

＊アナトリア

現在のトルコ。北は黒海、西はエーゲ海、南西は地中海に面している。

＊メソポタミア

古代メソポタミアに生まれた複数の文明を総称する呼び名である。

二つの河に挟まれた土地のこと。西アジアのチグリス河、ユーフラテス河の両河の流域地方。イラクとシリア東部・イラン南西部が含まれる。バクダード付近を境に北部はアッシリア、南部はバビロニアと呼ばれた。南部にはシュメールがあった。四大文明発祥の一つの地域である。

＊タラス………サマルカンド北部、フェルガナの南側の地域。

＊コーカサス………カフカス、黒海とカスピ海の間の地域。

＊西域（さいいき）

古代中国人の知識にあった西方地域（西方諸国）。広義には、インド・パキスタン・アフガニスタン・イラン・イラク・トルコなど小アジアなどまでをいう。

狭義にはタリム盆地地域。

＊烏弋山離国
（うよくさんり）

アフガニスタン中南部地方。首都カブールの南150km のカズニ地域からカンダハルに至る地域とされる。

＊大秦　→　ローマ帝国
（だいしん）

＊身毒国　→　インド国
（しんどく）

＊罽賓国
（けいひん）

ガンダーラ。古代インド北西部、インダス川上流の地域。現在のアフガニスタン東部からパキスタン北西部にかけて存在した古代王国。ペシャワルを中心とする地域。長安から１万２千２百里。

＊撲桃国
（ぼくとう）

大夏の南地方。現在のアフガニスタン北部。

＊黎軒国
れいけん

アレキサンドリア / エジプト

＊条支国
じょうし

シリア。『史記』「大苑伝」には、「条支は西海
に臨み、暑くて湿度は高い」とある。『後漢書』
に甘英がたどり着いた国として登場する。
別には、カルディア（イラク・バビロン）、ファー
ルス(ペルセポリス Persepolis)があてられている。

＊安息国………パルチャ→ペルシャ→イラン
あんそく

＊大宛国
だいえん

ウズベキスタン共和国東部の都市。漢代に大苑
と呼ばれた。その後フェルガナと呼ばれた。フェ
ルガナ盆地の南端に位置する。名馬の産地。

＊康居国
こうきょ

カザフスタン共和国とウズベク共和国にまたがる。
サマルカンドはウズベク共和国の南東に位置する。

172

＊大月氏国
<ruby>大月氏国<rt>だいげっし</rt></ruby>

トハラ　//　アフガニスタン北部。中央アジアのソグディアナ。そこからアム川の南にある大夏・安息を征服し高府（カブール）を支配した。その後北天竺・ガンダーラ以北の５国を支配下に置いた。

＊大夏国
<ruby>大夏国<rt>だいか</rt></ruby>

バクトリア。アフガニスタン北部。この地域は、もともとアッシリアが分裂して出来た４王国の一つである。

＊奄蔡国
<ruby>奄蔡国<rt>えんさい</rt></ruby>

アラン 。 アラル海周辺。カザフスタン共和国。アラル海北辺の遊牧国家で、のちに西の黒海北辺まで移動した。

＊鄯善国
<ruby>鄯善国<rt>ぜんぜん</rt></ruby>

中国タリム盆地の東南辺にあった古代オアシス国家楼蘭国が、紀元前77年に漢の支配下に入り改めた国名である。1世紀後半に独立し東西貿易の要衝となった。3世紀には西域5大国の一つに数えられた。

＊敦煌国
とんこう

中国甘粛省の西端にある都市。タクラマカン砂漠に続く高原地帯のオアシスに位置し、シルクロードの要衝として栄えた。南東方に仏教芸術で知られる大石窟寺院がある。

＊于闐国
うてん

ホータン。中国漢代の西域の国。中国新疆ウイグル自治区。シルクロードの要衝として繁栄した。玉の産地として有名。

＊車師国
しゃし

トルファン。中国の漢から北魏の時代に、天山山脈東部に存在した国。漢の宣帝の時、六国に分かれ現在のトルファン盆地を車師前国、天山北側を車師後国と呼ぶ。

＊阿克蘇国
あくす

アクス。天山山脈の南側で、タリム盆地西北部に位置するオアシス都市国家。

＊焉耆国

カラシャール。中国西部、天山山脈の南側。ウイグル自治区にあるオアシス都市。

＊亀茲国

現在のクチャ（庫車）の地。中国ウイグル自治区にあるオアシス。住民はアーリアの系統で天山山脈の鉱物と中継貿易により繁栄。小乗仏教が繁栄。9世紀にウイグル人の支配下に入りイスラム化され亀茲になった。仏典翻訳僧の鳩摩羅什（くまらじゅう）の出身地。

＊疎勒国

カシュガル。中国ウイグル自治区西部の都市。天山南路の要地にあたり、古くから繁栄していた。

＊伊吾国

哈密（ハミ）。伊吾は古称。トルファン盆地の東部のオアシスにあり、交通の要衝。

＊皮山国（ひざん）

タリム盆地の西側に位置する。

＊葱嶺（そうれい）

パミール高原（中央アジア南東部の地方）。
チベット高原の西側に連なり、ヒマラヤ・カラ
コルム・崑崙・天山などの山脈と高原からなる。
大部分はタジキスタン共和国に属し、東部は中
国、南部はアフガニスタン領である。

＊西海………黒海（さいかい）

＊弱水（じゃくすい）

仙境、大秦国の西にあって鴻毛（大鳥の羽）さ
え沈むという川（大西洋のことを指している）。

＊ソグィデナ

ソグドともいう。中央アジアのサマルカンド（ウ
ズベキスタン共和国東部の都市）などを含むザ

ラフシャン川流域の古代名。土地が肥沃で物産が豊富なため商業活動が大いに栄え遠くギリシャまでその名は伝わった。

＊サマルカンド

ウズベキスタン共和国。州都。北・東・南西を山地で囲まれたザラフシャン川渓谷のある地域。灌漑地帯で綿花やぶどうその他果樹を、畑地で小麦・大麦が栽培される。乾燥地帯では羊が放牧され、また養蚕も行われる。

＊杖………剣・槍などの携帯できる武器。

＊匈奴

中国古代、北方の遊牧民族。紀元前3世紀から紀元後5世紀にかけて活躍。首長を単于と称し、冒頓単于（紀元前2世紀頃）以下二代が全盛で、漢民族をおびやかし、後漢の頃南北に分裂した。種族については諸説あり、定まらない。西進した匈奴をフン族とする説もある。

＊白居易（白楽天）

中国・唐代 9 世紀初頭にかけて活躍した代表的詩人。

中国は勿論、我国に於いても古くから親しまれた詩人である。生まれたのは唐の大宗皇帝の時代・大暦 7 年（772 年）1 月で、その頃、唐詩の黄金時代を築き上げた一人であった。盛唐の二代詩人である李白が没して 10 年目。杜甫が没して 1 年目にあたる。白居易の祖父・白鍠は河南省の県知事。父の白李庚は襄州の長官輔等を務めた。

まんだら（曼陀羅）

曼荼羅とは、サンスクリット語の maṇḍala の音訳。本質・中心・精髄を有するものの意味である。つまり仏の悟りとその世界を意味する言葉とされる。また壇・道場・輪円具足・衆集などの意味を持つ。密教で、宇宙の真理を表すために、仏・菩薩を一定の枠の中に配置して図示したもの。金剛界曼荼羅・胎蔵界曼荼羅・四種曼荼羅などがある。一般に、浄土の姿その他を図画したものや、手書きの図・ぬいとりをしたもの、文字にしたものがある。

「語釈」その３　仏教に由来する慣用句・語句・経

＊以心伝心

言葉で表せない悟りや真理を心から心へと伝えること。主として禅家で用いる。自分の思いが相手に言葉の媒体を用いず直接伝わるという意味で用いられる。もともと禅宗の『六祖壇経』にあらわれた。師僧から弟子への悟りの極意の伝達は、言葉や文字によってではなく心から心へと直接伝えるものである。と言う意味の言葉である。

悟りとは言葉で伝えられるものでなく、自分で体得しなくてはならないものであると言うことを前提とする。

＊一期一会

一期に一度会うこと。また一生に一度限りであること。

仏教では「一期」は一生涯の意とされ「一会」は法会や説法などの集まりの意である。ここから、一つの集いは生涯に二度とは繰り返されることはないように、人生の刹那（きわめて短い時間）、刹那を大切にすべきである。と言う意味で使われる。

＊一蓮托生

極楽浄土に往生する際、蓮華の花の上から生まれるとされている。この時同じ蓮華に二人以上の人が生まれることをいう。そこから生死を共にすることの意になり、共同でものごとの取り組み、最期まで運命を共にすることで一般に用いられている。

＊有象無象

姿かたちあるもの（有象）と、姿が無いもの（無象）。この世の中の一切の存在、ありとあらゆるものの意。この森羅万象をさす意味から転じて、一般には雑な人やモノの意として使われる。

＊言語道断

深遠な真理は、言葉や文字ではとても表しえないことをいう。一切のものの真の姿は空であり、言語で言い表すことが出来ないということ。現在ではとんでもない、とかもってのほかの意。

＊ 色即是空

「色」とは、形質を有し生成変化する物質的現象の意。「空」とは、一切の現象存在は縁起によって顕しだされたもので、いかなる固定的実体など

もない、ということ。この世に存在するする一切
のものは、他とかかわり合いによって成立してい
るものであり、仮のあらわれである。という意。
「色即是空」は、仏教の空思想を端的に表現し
たものとして知られる。
『般若心経』の言葉で、「空即是色」と対で言及さ
れ、物質的なものそのもののままが空であり、空な
るものそのものが物質的なものである。との説。

＊四苦八苦

人間のあらゆる苦しみの称。四苦は生苦、労苦、
病苦、死苦。八苦は四苦に、愛別離苦、怨憎会
苦、求不得苦、五蘊盛苦の四つを加えたもの（蘊
はあつまりの意、仏語。色〈物質〉、受〈印象・
感覚〉、想〈知覚・表象〉、識〈心〉の五つ）。

＊七転八倒

苦痛のあまり転げ回ってもだえ苦しむこと。ま
た混乱のはなはだしいことのたとえにいう。
「転倒」とは真理に反する誤ったものの考え、
ものの在り方の意。古来「転倒」は、誤った想
念、見解、心の在り方という三転倒と、凡夫が
無常を常と、不浄を浄と、無我を我ととらえ執
着するという四転倒を併せた七種、あるいは八

種に分類されて論じられてきた。

＊ 七堂伽藍

伽藍は僧伽藍の略。楽園・僧院の意。寺として具備すべき七種の堂宇のこと。普通は、塔・金堂・講堂・鐘楼・経蔵・僧坊・食堂をいうが、天台宗では、中堂・講堂・戒壇堂・文殊楼・法華堂・常行堂・双輪堂といわれている。

＊ 精進料理

野菜・海藻・穀類だけを材料として魚介・肉類を一切用いない料理。

精進とは俗縁を断って潔斎しひたすら善をなし、心を励まして、悟りへの道を進む事の意。大乗仏教の六つの修行の一つ。

＊ 諸行無常

仏教の根本主張である三法印の一つ。世の中のいっさいの造られたものは常に変化し生滅して永久に不変なものはないということ。

＊ 八面六臂

八つの顔と六つのひじ。多方面にめざましい手腕を発揮すること。一人で数人分の働きをする

こと等に使われる。

＊ 摩訶不思議

摩訶は大の意。非常に不思議なこと。摩可はサンスクリット語マハーの音写。大いなる・非常な等の意。不思議は「不可思議」の略でサンスクリット語のアチンティヤの訳。「思いはかることのできない」の意。

＊ 六道輪廻

一切の衆生が、六道の世界に生死を繰り返して迷い続けること。インド古来の思想である。

＊ 六根清浄

六根が汚れを払って、清らかになること。心身ともに清浄になること。またその境地。
人には、視覚・嗅覚・味覚・触覚・思考する心がある。この５つの感覚官と一つの認識作用を司る心を、目根・耳根・鼻根・舌根・身根・意根という。この６つの器官がおのおのの対象に対する執着を断って清浄になること。

＊刹那（梵語 kṣaṇa の音訳）

極めて短い時間単位を表す言葉。

＊無尽蔵（仏語）

　仏教は尽きることの無い無限の功徳である。こ
れを尽きることの無い財宝の蔵に譬喩して表し
た言葉である。中国において南北朝以降、喜捨
された施し物を蓄えた寺院を「無尽蔵」と呼ん
だ。飢饉の際に貧民救済に使用された。

＊醍醐味（仏語）

　五味の内最上のものをいう。元来は牛乳を精製
して出来る５種（乳・酪・生酥・熟酥・醍醐）
の乳製品をいう。工程の最期に出来る最高の品
を醍醐という。その味を醍醐味と呼んだ。

＊無常（梵 Anitya の漢訳）

　一切万物が消滅流転して常住でないこと。現世
における全てのものがすみやかに移り変わっ
て、しばしも同じ状態に戻らないこと。
　平家物語の冒頭に、「祇園精舎の鐘の声諸行無
常の響きあり」の句がある。
　人生の移ろいをよく言い当てている。

＊煩悩（梵 kleśa の漢訳）

　苦悩・心痛の意味。心身を悩ます一切の精神作
用の総称。

＊冥加（みょうが）（仏語）

　　冥は、暗くて目に見えないこと、人間には見聞
　　出来ないこと。また人知の及ばない霊威の働き。
　　つまり冥々のうちに受ける神仏の加護。知らな
　　いうに受ける神仏の恵み。また偶然の幸いや利
　　益を神仏の賜うこと。

＊彼岸（ひがん）（仏語　梵 pāramitā 波羅密多を漢訳）

　　絶対の完全な境地、悟りの境地。向こう側の岸。

＊此岸（しがん）（仏語）

　　迷いの世界、悩みの多い現実世界。こちら側の岸。

＊般若心経（はんにゃしんぎょう）

　　般若経典の真髄を簡潔に説いた教典。普通は「仏
　　説摩訶般若波羅密多心経」といわれている。訳
　　は鳩摩羅什訳と玄奘訳があるが、我国に於いて
　　は玄奘訳が一般的である。
　　経典の文字数は 262 字という少ない字数であ
　　りながら、仏教の真髄を明瞭に説いているから
　　である。仏教の本質である「空」を展開しつつ、
　　人生の目的地は何処にあるか、如何にして彼岸
　　に到達するか、悟った心境はどういうものかな
　　ど等極めて明瞭に説いている。

良く知られている「色即是空」一句があるが、物質はそのまま非存在であると説きながら、続く一句で「空即是色」非存在なるままに実は物質があると説く。物質が「空」と説いてそれがどうして「空」なのかを説明していない。

仏教徒はこの「空」を理解すべく努力した。「色即是空」「空即是色」について有るといえば「有る」思いになり「無い」と言えば「無い」とも思う。有と無、常と無常、苦と樂などの事柄を超越したところが釈尊の悟りの境地とある。般若心経は宗旨を問わず信仰する人が多い。

仏像の主な種類

1　如来部……仏界の最高位

①	釈迦如来	仏教の開祖
②	阿弥陀如来	西方極楽浄土を統括する仏。「48の大願」を立て、如来になった。脇侍は観音菩薩、勢至菩薩。
③	薬師如来	東方瑠璃光浄土を統括する仏。「12の大願」を立て、如来になった。
④	毘盧舎那如来	全ての仏を統括する。盧舎那とは光で満ちているという意味で、太陽のような存在。密教では大日如来と同体とする。

⑤	大日如来	密教の中核となる仏

2 菩薩部……悟りに至らない修行中の仏。

①	弥勒菩薩	仏界の中でもこの世に近い浄土で修行中の仏。
②	文殊菩薩	悟りに至るまでに必要な智慧を司る仏。
③	地蔵菩薩	六道（地獄・餓鬼・畜生・修羅・人間・天）に苦しむ人々を救ってくれる仏。
④	観音菩薩	別称（聖観音菩薩）現世利益を叶える仏。
⑤	十一面観音	衆生の十一品の無明を断尽し、十一の仏果を開かせる意味を持っているとされる。
⑥	千手観音	千手千眼を具している。それ故千手千眼観自在菩薩というが一般には千手観音と呼ばれている。
⑦	二十八部衆	千手観音の眷属で、真言陀羅尼誦持者を守護する28人の善神の総称。
⑧	馬頭観音	馬を頭に載せるところから馬頭観音と呼ばれている。 忿怒の表情・形相の激しい表現をされている。
⑨	如意輪観音	如意とは如意宝珠、輪は法輪を意味し、如意宝珠の三昧に住まいして法輪を転じ六道衆生の苦しみを取り除き利益を与えることを本質とする仏である。

3 明王部……如来の化身、優しく説くだけでは救済 しがたい人々の前に忿怒の姿で現れる

①	不動明王	大日如来の化身とされ、明王の中でも最も強力な威力と功徳がある仏。
②	愛染明王	愛欲を悟りに変える仏。
③	孔雀明王	人間の持つあらゆる毒を取り除く。慈悲相の仏。

4 天 部……仏界の守護神

①	梵 天	天部中の主要尊。
②	帝釈天	梵天とともにインド古代神話中の代表的な神。
③	吉祥天	もともとバラモン教の女神で、のち仏教に入り天女となる。顔かたちが美しく衆生に福徳を与えるという女神。
④	仁 王 金剛力士 執金剛神 密迹金剛	阿形・吽形をした2神で一対をなし金剛力士ともいわれる守護神。一体は開口、一体は閉口。手に金剛の武器を持って仏を警固する。但し独尊として祀られる場合の名は執金剛神と呼ばれる。
⑤	阿修羅	釈迦如来の眷属（親族・一族）となる8神（八部衆）のひとつ。
⑥	八部衆	釈迦の説法時聴聞に常待し、仏法を賛美した。仏法守護の八体一組の釈迦の眷属。天・龍・夜叉・乾闥婆・阿修羅・迦楼羅・緊那羅・摩睺羅伽がいる。普通は天と龍が代表され天龍八部という。

⑦	四天王	四方を守護する4神。東は持国天、南は増長天、西は広目天、北は多聞天の役割。その中で最強と言われるのが多聞天である。単独で用いられる場合の名称は毘沙門天になる。
⑧	毘沙門天	びしゃもんてん（Vaisravana）仏像の四天王の一つで北方の守護神。四天王が揃っているときは多聞天といい独尊の時は毘沙門天という。古代インド神話中のクビラ（Kuvera 倶尾羅）のこと。北方の守護神。
⑨	十二神将	薬師如来の眷属となる12神。それぞれが7千人の部下を持つという。
⑩	弁財天	福徳・戦勝をもたらす女神。もともとはインドの川神であった。我が国では七福神の一人である。
⑪	大黒天	戦勝・福徳の神。我が国では大国主命と結び付き七福神の一人になっている。
⑫	摩利支天	摩利支とは日月の光を意味し、陽炎を神格化したものといわれている。

古代インドの歴史と文明

文　明	年　代	特記事項
インダス文明期	BC2300頃	インダス河の中・下流域に都市が形成青銅器文明・計画都市・彩文土器・印章（インダス文字）、アーリア人中央アジア方面から移動開始
ヴェーダ時代	BC1500	アーリア人、西北インド

ヴェーダ時代	BC1000 BC60 頃～ BC400 頃	のパンジャブ地方に侵入 リグ＝ヴェーダ（インド最古の文献）形成 アーリア人、ガンジス河流域に移動し定着 鉄器文明・米・小麦の栽培 バラモンとヴァルナ成立 社会変動と革新思想の台頭 ○十六国の形成（マガタ国・コーサラ国など） ○商工業の発達（鉄製農具・貨幣経済）
ヴェーダ時代		↓ 国家統一の新しい理念が必要 貧富の拡大による社会不安 ○ジャイナ教の成立
統一王朝時代	BC317~BC180 頃 BC268~BC232 頃 BC180 頃 AD45~240 頃 AD130~170 頃	○マウリア朝　チャンドラグプタが建国 アショカ王（阿育王）マウリア朝最盛期を迎える 　ダルマ法による政治支配 官僚制・屬州制導入 　中央集権的政治体制化 　石柱碑・磨崖碑の設置 　上座部仏教の成立 マウリア朝崩壊 ○クシャーナ朝　プルシャプラ（現ペシャワル）遷都 　イラン系クシャーナ大月氏（翕霜族）が建国 カニシカ王在位

		大乗仏教成立→アフガン→中央アジア→中国→朝鮮半島→日本 ガンダーラ美術隆盛神殿の建設と仏像の制作
統一王朝時代	AD240	クシャーナ朝は、ササン朝ペルシャ軍の遠征によって崩壊・滅亡した
	AD320 頃 ～ 550頃	○グプタ朝　チャンドラグプタ1世の建国　都、パータリプトラ
	AD376 頃 ~414頃	チャンドラグプタ2世（超日王）法顕（東晋の僧）来朝 サンスクリット文学カーリダーサ「シャクンタラー」、叙事詩「マハーバーラタ」完成 グプタ美術（アジャンター・エローラ石窟寺院 ○十進法による数字の表記・ゼロの概念 ヒンドゥー教の成立・マヌ法典の完成
	5世紀中頃	ナーランダ僧院建立
	5世紀後半	エフタルの侵入により衰退
ヴァルダナ朝	AD606~646	カナウジ（曲女城） ハルシャヴァルダナ王（戒日王）仏教保護 ○唐僧…玄奘の来朝（ナーランダ寺院で学ぶ） ○仏教の衰退とヒンドゥー教の成立

表7 古代インドの歴史と文明

【日中歴史対照年表】

中国	日本
新石器時代（B.C.6000~B.C.1600頃）	縄文時代
商（殷）（B.C.1600~B.C.1100頃）	
西周（B.C.1027~B.C.771）	
春秋時代（B.C.770~B.C.221） ／ 東周（B.C.771~B.C.249）	
戦国時代（B.C.476~B.C.221）	B.C.300頃
秦（B.C.221~B.C.206）	弥生時代
前漢（B.C.202~A.D.8）	
新（8~23）	
後漢（25~220）	
三国　魏（220~265）／呉（222~280）／蜀（221~263）	
西晋（265~317）	300頃
東晋（317~420）／五胡十六国（304~439）	古墳時代／飛鳥・白鳳
南北朝時代　宋（420~479）・斉（479~502）・梁（502~557）・陳（557~589）／北魏（386~534）／東魏（534~550）・西魏（535~557）／北斉（550~577）・北周（557~581）	
隋（581~618）	
唐（618~907）	710　奈良時代　794
五代十国（618~907）	平安時代
北宋（960~1127）／遼（916~1125）	
南宋（1127~1279）／金（1115~1234）	1192　鎌倉時代　1338
元（1271~1368）	室町時代　1573
明（1368~1662）	安土桃山　1603
清（1616~1912）	江戸時代　1868
	明治

表8　日中歴史対照年表

金剛力士が安置されている全国の主な寺院と本尊

NO	山号	寺名	所在地	本尊
1	金剛山	最勝院 （さいしょういん）	青森県弘前市大字銅屋町	大日如来
2	春光山	円覚寺 （えんかくじ）	青森県西津軽郡深浦町	十一面観音
3	釜臥山	菩提寺 （ぼだいじ）	青森県むつ市田名部	地蔵菩薩
4	蓮宝山	常堅寺 （じょうけんじ）	岩手県遠野市土淵町	勢至観音菩薩
5	萬固山	天徳寺 （てんとくじ）	秋田県秋田市泉三嶽根	聖観音
6	極楽山	西方寺 （さいほうじ）	宮城県仙台市青葉区	阿弥陀如来
7	宝珠山	立石寺 （りっしゃくじ）	山形県山形市大字山寺	薬師如来
8	金塔山	恵隆寺 （えりゅうじ）	福島県河沼郡会津坂下町	十一面観音
9	雷電山	法用寺 （ほうようじ）	福島県大沼郡会津美里町雀林字三番山下3554	十一面観音
10	天応山	観音教寺 （かんのんきょうじ）	千葉県山武郡芝山町	十一面観音
11	法王山	万満寺 （まんまんじ）	千葉県松戸市馬橋2547	阿弥陀如来

NO	山 号	寺 名	所在地	本 尊
12	金龍山	浅草寺 せんそうじ	東京都台東区浅草	聖観音 菩薩
13	薬龍山	観音寺 かんのんじ	東京都世田谷区	十一面 観音
14	長栄山	本門寺 ほんもんじ	東京都大田区池上	三宝尊
15	高尾山	薬王院 やくおういん	東京都八王子市高尾 町 2177	薬師如来 飯縄権現
16	身延山	久遠寺 くおんじ	山梨県巨摩郡身延町	三宝尊
17	定額山	善光寺 ぜんこうじ	長野県長野市大字長 野元善町	一光尊 阿弥陀 如来
18	慈眼山	若沢寺 にゃくたくじ	長野県松本市上波田 寺山	薬師如来 ・但盛泉寺 保存
19	煙厳山	鳳来寺 ほうらいじ	愛知県新城市門谷字 鳳来寺 1	薬師如来
20	陀羅尼山	財賀寺 さいがじ	愛知県豊川市財賀町	千手観音
21	浄海山	観音寺 かんのんじ	愛知県名古屋市中川 区荒子町	聖観音
22	南面山	海徳寺 かいとくじ	愛知県碧南市音羽町 1-60	阿弥陀 如来

NO	山　号	寺　名	所在地	本　尊
23	如意山	願成寺 (がんじょうじ)	岐阜県岐阜市大洞	十一面 観音
24	池鏡山	円鏡寺 (えんきょうじ)	岐阜県本巣郡北方町	聖観音 菩薩 不動明王
25	谷汲山	華厳寺 (けごんじ)	岐阜県揖斐郡揖斐川町谷汲神原 1160	十一面 観音
26	両界山	横蔵寺 (よこくらじ)	岐阜県揖斐郡揖斐川町	──
27	如意山	乙宝寺 (おっぽうじ)	新潟県胎内市乙 1118	大日如来
28	小比叡山	蓮華峰寺 (れんげぶじ)	新潟市佐渡市小比叡 182	聖観音 菩薩
29	高岡山	瑞龍寺 (ずいりゅうじ)	富山県高岡市関本町	釈迦如来
30	芹谷山	千光寺 (せんこうじ)	富山県栃波市芹谷	観世音 菩薩
31	金栄山	妙成寺 (みょうじょうじ)	石川県羽咋市滝谷町	──
32	自生山	那谷寺 (なたでら)	石川県小松市那谷町	千手観世 音菩薩
33	棡山	明通寺 (みょうつうじ)	福井県小浜市門前町	薬師如来
34	霊応山	若狭神宮寺 (わかさじんぐうじ)	福井県小浜市神宮寺	薬師如来

NO	山 号	寺 名	所在地	本 尊
35	青葉山	中山寺 (なかやまでら)	福井県高浜市高浜町 中山 27-2	馬頭観音
36	泰平山	府南寺 (ふなんじ)	三重県鈴鹿市国府町 2548	阿弥陀 如来
37	長等山 (ながらさん)	園城寺 (おんじょうじ) (三井寺) (みいでら)	滋賀県大津市園城寺 町	弥勒菩薩
38	龍応山 (りゅうおうざん)	西明寺 (さいみょうじ)	滋賀県犬神郡甲良町	薬師如来
39	岩根山	善水寺 (ぜんすいじ)	滋賀県湖南市岩根	薬師如来
40	遠景山	摠見寺 (そうけんじ)	滋賀県近江八幡市安 土町下豊浦 6367	金剛力士像
41	蜂岡山	広隆寺 (こうりゅうじ)	京都府京都市右京区 太秦蜂岡	聖徳太子
42	小塩山	勝持寺 (しょうじじ)	京都府京都市西京区 大原野	薬師如来
43	西山	善峯寺 (よしみねでら)	京都府京都市西京区 大原野	十一面 観音
44	京城山 (けいじょうさん)	万寿寺 (まんじゅじ)	京都府京都市東山区 本町	阿弥陀 如来
45	等覚山	愛宕念仏寺 (おたぎねんぶつじ) (あたごねんぶつじ)	京都府京都市右京区	千手観音 菩薩

NO	山 号	寺 名	所在地	本 尊
46	慈恵山	円隆寺 えんりゅうじ	京都府舞鶴市引土	阿弥陀・ 薬師・ 釈迦如来
47	鹿原山	金剛院 こんごういん	京都府舞鶴市鹿原	波切 不動明王
48	医王山	多禰寺 た ね じ	京都府舞鶴市多弥寺	薬師如来
49	音羽山	清水寺 きよみずでら	京都府京都市東山	十一面千 手観世音 菩薩
50	醍醐山	醍醐寺 だ い ご じ	京都府京都市伏見区 醍醐東大路町 22	薬師如来
51	大悲山	峰定寺 ぶじょうじ	京都府京都市左京区 花脊原地	千手観音 菩薩
52	天王山	宝積寺 ほうしゃくじ	京都府京都市乙訓郡 大山崎町大字大山崎 字銭原 1	十一面 観音
53	南叡山	妙法院 みょうほういん	京都府京都市東山区 妙法院前側町 447	普賢菩薩
54	荒陵山	四天王寺 してんのうじ	大阪府大阪市天王寺 区	久世 観世音 菩薩
55	磯長山 しながざん	叡福寺 えいふくじ	大阪府河内郡太子町	聖如意輪 観世音 菩薩

NO	山　号	寺　名	所　在　地	本　尊
56	山号無し	東大寺 とうだいじ	奈良県奈良市雑司町	盧舎那仏
57	山号無し	興福寺 こうふくじ	奈良県奈良市登大路町	釈迦如来
58	山号無し	法隆寺 ほうりゅうじ	奈良県生駒郡斑鳩町	釈迦如来
59	国軸山	金峯山寺 きんぷせんじ	奈良県吉野町吉野山	蔵王権現
60	高野山	金剛峰寺 こんごうぶじ	和歌山県伊都郡高野町	薬師如来
61	風猛山 ふうもうざん	粉河寺 こかわでら	和歌山県紀の川市粉河2787	千手千眼観音菩薩
62	慶徳山	長保寺 ちょうほうじ	和歌山県海南市下津町	釈迦如来
63	紀三井山	紀三井寺 きみいでら	和歌山県和歌山市紀三井寺	十一面観音
64	一乗山	根来寺 ねごろじ	和歌山県岩出市根来2286	大日如来金剛薩埵
65	比金山	如意寺 にょいじ	兵庫県神戸市西区枦谷町	地蔵菩薩
66	三身山	大山寺 たいさんじ	兵庫県神戸市西区伊川谷町	薬師如来
67	大谷山	迦耶院 がやいん	兵庫県三木市志染町大谷	毘沙門天

NO	山 号	寺 名	所在地	本 尊
68	刀田山 とだ“さん	鶴林寺 かくりんじ	兵庫県加古川市加古川町	薬師如来
69	法華山	一乗寺 いちじょうじ	兵庫県加西市坂本町821-17	聖観世音菩薩
70	書写山	圓教寺 えんぎょうじ	兵庫県姫路市書写2968	如意輪観音
71	岩屋山	石龕寺 せきがんじ	兵庫県丹波市山南町岩屋 開基……聖徳太子 足利尊氏と縁あり。	毘沙門天
72	喜見山	摩尼寺 まにじ	鳥取県鳥取市覚寺	帝釈天
73	打吹山	長谷寺 ちょうこくじ	鳥取県倉吉市仲ノ町	十一面観音
74	銘金山	金山寺 きんざんじ	岡山県岡山市北区金山寺	千手観音
75	御瀧山	真光寺 しんこうじ	岡山県備前市西片上	阿弥陀如来
76	摩尼山	西國寺 さいこくじ	広島県尾道市西久保町	薬師瑠璃光如来
77	華宮山	阿弥陀寺 あみだでじ	山口県防府市大字牟礼	阿弥陀如来
78	舎心山	太龍寺 たいりゅうじ	徳島県阿南市加茂町	虚空蔵菩薩

NO	山　号	寺　名	所在地	本　尊
79	笠和山	霊山寺 <small>りょうぜんじ</small>	徳島県鳴門市大麻町	釈迦如来
80	屏風浦 五岳山	善通寺 <small>ぜんつうじ</small>	香川県善通寺市善通寺町	薬師如来
81	補陀洛山	志度寺 <small>しどじ</small>	香川県さぬき市志度	十一面観音
82	経納山	海岸寺 <small>かいがんじ</small>	香川県仲多度津郡多度津町	聖観世音菩薩
83	熊野山	石手寺 <small>いしてじ</small>	愛媛県松山市石手	薬師如来
84	平城山	観自在寺 <small>かんじざいじ</small>	愛媛県宇和島郡愛南町	薬師如来
85	五台山	竹林寺 <small>ちくりんじ</small>	高知県高知市五台山	文殊菩薩
86	医王山	清瀧寺 <small>きよたきじ</small>	高知県土佐市高岡町	薬師如来
87	藤井山	岩本寺 <small>いわもとでら</small>	高知県高岡郡四万十町	観世音・ 阿弥陀・ 薬師如来
88	八葉山	禅師峰寺 <small>ぜんじぶじ</small>	高知県南国市十市3084	金剛力士像
89	常在山	如法寺 <small>にょほうじ</small>	福岡県豊前市山内991	不動明王
90	足曳山	両子寺 <small>ふたごじ</small>	大分県国東市安岐町	阿弥陀如来

NO	山　号	寺　名	所在地	本　尊
91	如意山	神角寺 （じんかくじ）	大分県豊後大野市朝地町鳥田	十一面観音
92	鎮国山	感応寺 （かんのうじ）	鹿児島県出水市野田町下名 5735	十一面観音
93	南海山	桃林寺 （とうりんじ）	沖縄県石垣市石垣 285	観世音菩薩

表 9 金剛力士が安置されている全国の主要な寺院と本尊

参考文献

藤本弘三郎編著、『日本社寺大観』、寺院編、名著刊行会、1970 年。

金流山浅草寺編著、『図説 浅草寺』、東京美術、1996 年。

海部光彦著、『元伊勢籠神社御由緒記』、元伊勢籠神社、2009 年。

小川光三著、『図書　魅惑の仏像 13 金剛力士』、毎日新聞社、1993 年。

引用文献

注／引用出典明細

第1章

1. 尚学図書編集部編著、国語大辞典『言泉』小学館、1987年、p.8。
2. 織田得能著、『仏教大事典』、大蔵出版、1972年、p.9。
3. 新村出著、『広辞苑』、岩波書店、1969年、p.897。
4. 田中義恭・星山晋也編著、『目で見る仏像事典』、東京美術、2008年、pp.481-2、p.484。
5. 尚学図書編集部編著、前掲著、p.1524。

第2章

6. 上杉千郷著、『狛犬事典』、戒光祥出版、2001年、pp.343-4。
7. 司馬遷著、吉田賢抗訳、『史記』、巻4、「封禅書」第六第、明治書院、1995年、p.235。

第3章

8. 荒俣宏著、『世界大博物図鑑』、「第5巻」、［哺乳類］、平凡社、2014年、p.110。

第 4 章

9. 禹撰、前野直彬訳、『山海経・列仙伝』、集英社、1975 年、p.444。

10. 虎尾俊哉編著、『延喜式』、中「自部省式」、集英社、2007 年、p.649。

11. 班固著、小竹武夫訳、『漢書』、8 列伝 V、「西域伝」第六六上、筑摩書房、2010 年、pp.67-8。

12. 班固著、小竹武夫訳、前掲書、p.84。

第 5 章

13. 班固著、小竹武夫訳、前掲書、pp.51-2。

14. 尚学図書編著、前掲著、p.1399 参照。

第 7 章

15. 源順著、宮田和一郎校注、『宇津保物語』、3 巻、朝日新聞社、1968 年、p.149。

16. 清少納言著、松尾聰・永井和子校注、『枕草子』、「260 段」、小学館、1997 年、p.409。

17. 清少納言著、松尾聰・永井和子校注、前掲書、「206 段」p.342。

18. 赤染衛門著、松村博司・山中裕校注、『栄花物語』、上「かがやく藤壺」、岩波書店、1971 年、p.207。

19. 川本重雄・小川和子編、『類聚雑要抄指図巻』、「巻第 4 調度 4 巻」、中央公論社、1998 年、p.125。

20. 佐竹昭広・久保田淳校注、『方丈記徒然草』、岩波書店、1989 年、pp.303-4。

21. 坂元義種著、「狛犬の名の由来」（上田正昭編著、『古代の日本と渡来の文化』、学生社、1997 年 p.171）。

22. 倉田実著、『平安大事典』、朝日新聞出版、2015 年、p.196。

23. 神道体系編纂会編著、田中卓校注、『神道体系』、古典編六　新選姓氏録「左京番下 778 考証之巻」、神道体系編纂会、1981 年、p.669。

24. 坂本太郎他 3 人校注、日本古典文学大系、『日本書紀』下、岩波書店、1965 年、p.198。

25. 坂本太郎他 3 人校注、前掲書、p.476。

第 9 章

26. 浜島書店編集部編著、『新詳世界史図説』、浜島書店 2007 年、p.36。

27. 辻直四郎訳、『リグ＝ヴェーダ讃歌』、岩波書店、1989 年、p.149。

28. 佐和隆研著、『仏像図典』、吉川弘文館、1962 年、p.130。

29. 佐和隆研著、前掲書、p.130。

30. 佐和隆研著、前掲書、p.130。

第 11 章

31. 平岡定海著、『東大寺辞典』、東京堂出版、1980 年、p.163。

図版・出典明細

第 1 章

図 1 悉曇文字

　　頼富本宏編著、『密教』、ナツメ社、2005 年、p.105　参照。

　　小野智行著、『梵字字典』、東京堂出版、2018 年、p.72、p.296-7 参照。

　　佐和隆研著、前掲書、p.281 参照。

図 2 ガンダーラ・マトゥラーとインドの仏教主聖地。

　　中村元編著、『ブッダの世界』、学研、1982 年、参照。

　　奈良康明監修、山田樹人著、『ガンダーラ美術の見方』、里文出版、1999 年　参照。

第 2 章

図 3 獅子舞図

　　正宗敦夫著、『信西古楽図』、「舞圖楽書成集」、日本古典全集刊行会、1927 年、p.8。

図12 桃抜の図
　　諸橋轍次著、『大漢和辞典』、「巻六」大修館
　　書店、1957 年、p.6036。
図13 紀元前 2 世紀頃の西域諸国
　　小谷仲男著、『大月氏』、東方書店、2010 年、
　　p.222。
図14 古代シルクロードの主要路
　　長澤和俊著、『新シルクロード百科』、雄山閣、
　　1994 年、p.8。

第 5 章
図15 シルクロード全図　―ローマと長安を結ぶ―
　　大阪府立近つ飛鳥博物館編著・発行、『シルク
　　ロードのまもり』、1994 年、p.81。
図16 仏教の伝播
　　浜島書店編集部編著、前掲書、p.48。

第 6 章
図17 イギリス国章
　　Coat of Arms of the Kingdom of England from
　　1603 to 1649 used by King James I and
　　CharlesI
　　CC 表示 - 継承 4.0, https://commons.wiki-
　　media.org/w/index.php?curid=130404261

による

図18 シンガポール国章
　　　Xavi Garcia, CC 表 示 - 継 承 3.0, https://
commons.wikimedia.org/w/index.
php?curid=10850735 による。

図19 スリランカ国章
　　　Tonyjeff, based on national symbol. -
symbol adopted in 1972, created by the
committee formed by S.S. Kulathilake,
Nissanka Wijerathne, Nandadeva Wijese-
kera, Senarath Paranavithana, M.R. Pre-
marathne and Roland Silva., パブリック・
ド メ イ ン , https://commons.wikimedia.
org/w/index.php?curid=1678501 による。

図20 ケニア国章
　　　Xavi Garcia, CC 表 示 - 継 承 3.0, https://
commons.wikimedia.org/w/index.
php?curid=10707927 による。

第 7 章
図21 賀茂御祖神社（下鴨神社）の獅子・狛犬
　　　稲垣栄三著、原色日本の美術 16、『神社と霊
廟』、小学館、1968 年、p.57。
図22 本殿内の獅子・狛犬

松尾大社本殿内の獅子狛犬、2016 年 3 月 8
日筆者撮影。

図23獅子・狛犬図（狛犬に角がある説明）
川本重雄・小川和子編、『類聚雑要抄指図巻』、
巻第 4 調度 4 巻、中央公論美術出版、1998 年、
p.125。

第 8 章

図24神社の獅子・狛犬
海部光彦著、『元伊勢籠神社御由緒記』、元伊
勢 籠神社、2009 年、p.15。
図25宗像大社宝物館の獅子・狛犬
宗像大社社務所資料、p.29。
図26柿本人丸神社の獅子・狛犬
2014 年 10 月 26 日、筆者撮影。
図27稲爪神社の獅子・狛犬
2015 年 4 月 9 日、筆者撮影。
図28八幡神社獅子・狛犬
2015 年 11 月 5 日、筆者撮影。
図29熊野本宮大社
2014 年 11 月 15 日、筆者撮影。
図30熊野速玉大社
2014 年 11 月 15 日、筆者撮影。
図31秋田県　男鹿半島 真山神社の獅子・狛犬

アッリアノス著、大牟田章訳、『アレキサンドロス大王東征記』、岩波文庫、2007年、巻末、参照、NHK文明の道プロジェクト編著、『文明の道』2003年、参照。

図43大月氏国とクシャン貴霜侯の記録
　　長澤規矩也解題、『後漢書』、「西域伝　大月氏の条」、及古書院、1993年、p.1551。

図44大月氏（クシャン朝）の版図
　　小谷仲男著、『大月氏』、東方書店、2010年、p.23。

図45執金剛神 東大寺・法華堂（三月堂）
　　北村肇編著、『金剛力士』、毎日新聞社、1998年。p.37。

第10章
図46金剛力士像　阿型、奈良・興福寺　鎌倉時代
　　北村肇編著、前掲書、p.8。

図47金剛力士像　吽型、奈良・興福寺　鎌倉時代
　　北村肇編著、前掲書、p.20。

図48四天王・持国天　東大寺戒壇院
　　浅井和春監修、『仏像の世界』、山川出版社、2002年、p.79。

図49四天王・増長天　東大寺戒壇院
　　奈良康明編著、『日本の仏教を知る事典』、東

京書籍、2005 年、p.141。

図50 四天王・広目天　東大寺戒壇院

奈良康明編著、前掲書、p.142。

図51 四天王・多聞天　東大寺戒壇院

奈良康明編著、前掲書、p.142。

第 11 章

図52 信州・善光寺山門の仁王、左側阿形、右側

吽形、2016 年 4 月 18 日、筆者撮影。

図53 大阪　四天王寺東門の仁王像、2016 年 10 月

27 日、筆者撮影。

図54 南大阪　磯長山　叡福寺山門、2016 年 10 月

27 日、筆者撮影。

図55 南大阪　磯長山　叡福寺山門の仁王像、2016 年

10 月 27 日、筆者撮影。

図56 加古川　戸田山　鶴林寺山門の仁王像、2016 年

11 月 5 日、筆者撮影。

第 12 章

図57 神輿を護る獅子・狛犬

宮本卯之助監修、『御輿大全』、誠文堂新光社、

2011 年 、p.16 参照。

図58 大阪　ライオン橋南詰阿形像　2015 年 8 月

4 日、筆者撮影。

図59 大阪　ライオン橋南詰め吽形像　2015 年 8 月
　　4 日、筆者撮影。

表・出典明細

第1章

表1 ゴータマ＝シッダールタ（仏陀）の生涯
　　浜島書店編集部編著、『新詳世界史図説』、浜
　　島書店、2007 年、p.46。

第5章

表2 ヘレニズム文化の伝播
　　浜島書店編集部編著、前掲書、p.37。

表3 仏教の伝播と宗派
　　島田裕己著、『世界遺産で見る仏教入門』、世
　　界文化社、2014 年、p.21 参照。

第10章

表4 古代インドの神々と天部の仏像
　　浅井和春監修、野呂肖生、『仏像の世界』、山
　　川出版社、2000 年、p.76-90、抜粋参照。

表5 薬師如来守護 12 神将
　　築達榮八著、「魅惑の仏像 9」、『十二神将』、
　　毎日新聞社、1987 年、p.36。改変。

表6 二十八部衆

田中義恭・星山晋也編著、『目でみる仏像事典』、東京美術、2008 年、p.558。

表7 古代インドの歴史と文明

浜島書店編集部編著、前掲書、p.46。

表8 日中歴史対照表

「中国古代史概要一覧図」、南京大学出版社、1997 年、巻末付録。

表9 金剛力士像が安置されている全国の寺院と本尊。

参考文献

藤本弘三郎編著、『日本社寺大観』、寺院編、名著刊行会、1970 年。

金流山浅草寺編著、『図説 浅草寺』、東京美術、1996 年。

海部光彦著、『元伊勢籠神社御由緒記』、元伊勢籠神社、2009 年。

小川光三著、『図書 魅惑の仏像 13 金剛力士』、毎日新聞社、1993 年。

参考文献

参考文献（Ⅰ）

［事典・辞書・地図・年鑑・図鑑］

01　尚学図書編集部編著、『言泉』、小学館、1987 年。

02　織田得能著、『仏教大事典 』、大蔵出版、1972 年。

03　新村出著、『広辞苑』、岩波書店、1969 年、p.897。

04　川本重雄・小川和子編、『類聚雑要抄指図巻』、「巻第 4 調度 4 巻」、中央公論社、1998 年。

05　神道体系編纂会、田中卓校注、『神道体系』、古典編六　新選姓氏録「左京番下 778 考証之巻」、1981 年。

06　平岡定海著、『東大寺辞典』、東京堂出版、1980 年。

07　浜島書店編集部編著、『新詳世界史図説』、浜島書店、2007 年。

08　R・G グラント編著、樺山紘一総監修、マーリンアームズ株式会社翻訳、『戦争の世界史大図鑑』、河出書房新社、2008 年。

09　尾崎雄二郎他 5 人編、『角川大字源』、角川書店、1992 年。

10　苅安望編著、『世界の国旗と国章大図鑑』、平凡社、2003 年。

11　藤沢優編著、『世界の国旗・国歌総覧』、岩崎書

店、1976 年。

12 長廣茂雄著、『中国の石窟寺』、講談社、1969 年。

13 樋口隆康著、『世界の大遺跡』、講談社、1988 年。

14 岩波書店編集部著、『西洋人名事典』、岩波書店、1981 年。

15 華夫著、『中国古代名物大典』、濟南出版社、1993 年。

16 黄載璣他 2 人著、『最新韓国基本地図』、帝国書院、1993 年。

17 佐藤實編著、『日本神社名鑑』、新人物往来社、2002 年。

18 上杉千郷著、『狛犬事典』、戎光祥出版、2001 年。

19 坪井敏弘著、『図鑑 瓦屋根』、理工学社 1977 年。

20 総合仏教大辞典編集委員会編著、『総合仏教大辞典』、法蔵館、2005 年。

21 真鍋俊照、『日本仏像事典』、吉川弘文館、2004 年。

22 佐和隆研編著、『仏像図典』、吉川弘文館、1967 年。

23 香取良夫著、『自描画仏像知識事典』、遊子館、2012 年。

24 小山田和夫他 2 人、『日本仏教資料総覧』、本の友社、1986 年。

25 財団法人鈴木学術財団編著、『漢訳対照梵和大辞典』、増補改訂版、講談社、1979 年。

26 平等通照著、『国語に入った梵語辞典』、山喜房仏書林、1978 年。

27 行智・慧晃著、『梵語辞典』、法蔵館、1980 年。

28 中村元・久野健監修、『仏教美術事典』、東京書籍、2002 年。

29 中村元著、『仏教語大辞典』、東京書籍、1976 年。

30 中村元他 4 人著、『岩波仏教辞典』、岩波書店、1989 年。

31 中村元著、『広説仏教語大辞典』、中巻、東京図書、2001 年。

32 中村元編著、『図説佛教語大辞典』、東京書籍、1988 年。

33 中村元編著、『ブッダの世界』、学研、1982 年。

34 中村元他 6 人編著、『インドの仏蹟とヒンドゥー寺院』、講談社、1968 年。

35 山中元著、『サンスクリット語─日本語単語集』、国際語学社、2004 年。

36 木村雅子著、『日本語─ギリシャ語─英語辞典』、国際語学社、2006 年。

37 田中秀央編著、『羅和辞典』、研究社辞書部、1972 年。

38 ジャン・フランソワ・ジャリージュ／秋山光

和 監修、ジャック・ジエス編集、『西域美術』、「第2巻」ギメ美術館、 ペリオ・コレクション、講談社、1995 年。

39　メトロポリタン美術館原著、メトロポリタン美術全集、『古代エジプト・ オリエント』、福武書店、1987 年。

40　黒川雄一著、『日本歴史大事典』、小学館 2007 年。

41　鈴木勤編著、『世界の彫刻』、世界文化社、1978 年。

42　後藤茂樹編著、『原色世界の美術』、第 11 巻、ギリシャ、小学館、1969 年。

43　東京・京都国立博物館編著、『インド古代彫刻展』、日本経済新聞社、1984 年。

44　東京美術館・九州国立博物館・神戸市立博物館・朝日新聞社・NHK 編著、『大英博物館展』、筑摩書房、2015 年。

45　愛媛県立美術館編著・兵庫県立歴史博物館、『聖徳太子と国宝法隆寺展』、神戸新聞社、2005 年。

46　大阪市立美術館編著、『聖徳太子ゆかりの名宝』、読売新聞社、2008 年。

47　角川文衛監修、『平安時代史事典』、角川書店、1993 年。

48　朴漢斉他 4 人編著、吉田光男訳、『中国歴史地図』、平凡社、2009 年。

49　杉勇編著、『世界の文化遺跡』、「第 1 巻ナイル

の王墓」、講談社、1967 年。

50　吉成勇編著、別冊歴史読本、『日本神社総覧』、新人物往来社、1991 年。

51　米沢貴紀著、『神社の解剖図鑑』、エクスナレッツ、2016 年。

52　スタジオワーク編著、『仏像とお寺の解剖図鑑』、株式会社エクスナレッジ、2016 年。

53　児玉幸多編著、『日本史年表・地図』、吉川弘文館、2018 年。

54　飯倉晴武他 21 人編著、『読める年表・日本史』、自由国民社、2003 年。

55　米田雄介編著、『歴代天皇・年号事典』、吉川弘文館、2013 年。

56　大森義成編著、『真言陀羅尼とお経 ご利益・功徳事典』、学習研究社、2009 年。

57　国史大辞典編集委員会編著、『国史大辞典』、吉川弘文館、1990 年。

58　井ノ口泰淳・柳田聖山・竺沙雅章編著、『図説日本仏教の現像』、「インド・中国・朝鮮」法蔵館、1982 年。

59　小峰智行著、『梵字字典』、東京堂出版、2018 年。

60　田中義恭、星山晋也編著、『目で見る仏像事典』、東京美術、2008 年。

参考文献（II）

01　班固著、小竹武夫訳、『漢書』、筑摩書房、2010年。

02　長澤規矩也解題、『後漢書』、「西域伝大月氏の条」、及古書院、1993年。

03　司馬遷著、小竹文夫・小竹武夫訳、『史記』、筑摩書房、2005年。

04　司馬遷著、『史記』、「文白対照」、上下、丁夏人民出版社、1994年。

05　司馬遷著、小川環樹・今鷹真・福島吉彦訳、『史記列伝』、岩波書店、2003年。

06　藤倉郁子著、『狛犬の歴史』、岩波出版サービスセンタ、2000年。

07　上杉千郷著、『日本全国獅子・狛犬ものがたり』、戎光祥出版、2008年。

08　石原修一著、『狛犬かがみ』、バナナブックス、2006年。

09　久保和幸著、『狛犬深訪』、さきたま出版会、2003年。

10　正倉院事務所編、『正倉院寶物』、第9冊、南倉III、毎日新聞社、1997年。

11　川本重雄・小川和子編、『類聚雑要抄指図巻』、中央公論美術出版、1998年。

12 前野直彬著、『山海経・列仙伝』、「海内南経第10」、集英社、1975 年。

13 小谷仲男著、『大月氏』、東方書店、2010 年。

14 大阪府立近つ飛鳥博物館著、『シルクロードのまもり』、1994 年。

15 大庭修著、『シルクロードの文化交流』、同朋舎出版、1981 年。

16 児島健次郎著、『シルクロードのロマンと文明の興亡』、雄山閣、2005 年。

17 児島健次郎著、『悠久なるシルクロードから平城京へ』、雄山閣、2008 年。

18 榎一雄著、『シルクロードの歴史』、岩波書店、1993 年。

19 川又正智著、『漢代以前のシルクロード』、雄山閣、2006 年。

20 長澤和俊著、『シルクロード入門』、東京書籍、2005 年。

21 長澤和俊著、『新シルクロード百科』雄山閣、1998 年。

22 王鉞著、中村仁訳、『シルクロード全史』、中央公論社、2002 年。

23 財団法人　なら・シルクロード博覧会編著、『なら・シルクロード博公式ガイドブック』、東京出版、1988 年。

24 NHK取材班監修、『新シルクロードの旅』、第1巻「楼蘭・トルファンと河西回廊」、講談社、2005年。

25 NHK取材班監修、『新シルクロードの旅』、第2巻「敦煌・ホータン・クチャ・イーニン」、講談社、2005年。

26 小川英雄、『古代のオリエント』、講談社、1998年。

27 虎尾俊哉編著、『延喜式』、中、集英社、2007年。

28 毎日新聞社編、『敦煌―壁画芸術と井上靖の詩情展』、1979年。

29 アッリアノス著、大牟田章訳、『アレクサンドロス大王東征紀』、岩波書店、2007年。

30 森護著、『英国紋章物語』、三省堂、1985年。

31 玄奘著、水谷真成訳、『大唐西域記』、平凡社、東洋文庫、1999年。

32 水野俊平著、『韓国の歴史』、河出書房新社、2007年。

33 エドワード・H・シェーファー著、井原弘監修、『サマルカンド金の桃』、勉誠出版、2007年。

34 杉勇編著、『世界の文化遺跡』、「第1巻ナイルの王墓」、講談社、1967年。

35 リュデガー・ロベルト・ベーア著、泉雅人訳、『一角獣』、河出書房新社、1996年。

36 種村季弘著、『怪物の世界』、河出書房新社、1996 年。

37 上田正昭編著、『古代の日本と渡来文化』、学生社、1997 年。

38 正宗敦夫著、『日本古典全集』、「教訓抄」、日本古典全集刊行会、1928 年。

39 今泉忠義著、『続日本書紀』、臨川書店、1987 年。

40 青木生子他 4 人校注、『万葉集』、新潮社、1982 年。

41 一坂太郎著、『仁王』、中央公論社、2009 年。

42 築達榮八編著、『十二神将』、毎日新聞社、1987 年。

43 講談社 Quark 編集部、『古代遺跡タイムカプセル』、講談社、1994 年。

44 中国石窟・竜門石窟編集委員監修、『雲崗石窟』、平凡社、1989 年。

45 中国石窟・竜門石窟編集委員監修、『竜門石窟』、平凡社、1988 年。

46 高田修著、『仏像の誕生』、岩波書店、1987 年。

47 竹内信夫訳、『サンスクリット』、白水社、2006 年。

48 釈徹宗著、『お経の本』、洋泉社、2014 年。

49 久野健著、『仏像のきた道』、「ガンダーラから慶州まで」日本放送協会、1985 年。

50　田中義恭・星山晋也編著、『目でみる仏像・天』、東京美術、1987 年。

51　中村元編著、『ブッダの世界』、学習研究社、1982 年。

52　中村元著、『ブッダ物語』、岩波書店、1991 年。

53　中村元監修、『般若心経』、小学館、1998 年。

54　富樫讓編著、『釈迦三尊』、毎日新聞社、1992 年。

55　富樫讓著、『二十八部衆』、毎日新聞社、1992 年。

56　富樫讓著、『阿弥陀如来』、毎日新聞社、1993 年。

57　富樫讓著、『金剛力士』、毎日新聞社、1992 年。

58　富樫讓編著、『四天王』、毎日新聞社、1993 年。

59　田凌雲編著、『仏教大辞彙』、冨山房、1976 年。

60　頼富本宏編著、『密教』、ナツメ社、2005 年。

61　瓜生中著、『お寺と仏像入門』、幻冬社、2003 年。

62　澤田薫著、『匈奴』、東方書店、2006 年。

63　小野沢精一・福永光司・山井湧編著、『気の思想』、東京大学出版会、1978 年。

64　辛島昇著、『インダス文明』、日本放送出版協会、1980 年。

65　堀晄著、『古代インド文明の謎』、吉川弘文館、2008 年。

66　平川彰著、『インド仏教史』、「上巻」春秋社、1974 年。

67　平川彰著、『インド仏教史』、「下巻」春秋社、

1979 年。

68　渡辺照宏著、『仏教』、岩波書店、1967 年。

69　辻直四郎、『リグ＝ヴェーダ賛歌』、岩波書店、1989 年。

70　浅井和春監修、『仏像の世界』、山川出版社、2000 年。

71　下中邦彦著、陶器全集第 25 巻、『唐三彩』、平凡社、1965 年。

72　水野清一著、陶器体系第 35 巻、『唐三彩』、平凡社、1970 年。

73　上波夫監修、『大三彩』、汎亜細亜文化交流センター、1989 年。

74　東大寺南大門修理委員会編著、『仁王大修理』、毎日新聞社、1997 年。

75　岩野眞男著、『国譯一切經印度撰述部』、密教部二、大東出版社。1977 年。

76　講談社 QUARK 編集部編著、『古代遺跡タイムトラベル』、講談社、1994 年。

77　岸本英夫著、『世界の宗教』、大明堂、1976 年。

78　赤染衛門著、松村博司・山中裕校注、『栄花物語』、上「かがやく藤壺」、岩波書店、1971 年。

79　源順著、宮田和一郎校注、『宇津保物語』、3 巻　朝日新聞社、1968 年。

80　清少納言著、松尾聰・永井和子校注、『枕草子』、

「260 段」、小学館、1997 年。

81　佐竹昭広・久保田淳校注、『方丈記　徒然草』、
岩波書店、1989 年。

82　坂本太郎他 3 人校注、日本古典文学大系、『日
本書紀』下、岩波書店、1965 年。

83　島田裕巳著、『世界遺産で見る仏教入門』、世界
文化社、2014 年。

84　宮本卯之助監修、『御輿大全』、誠文堂新光社、
2011 年。

85　海部光彦著、『元伊勢籠神社御由緒記』、元伊勢
籠神社、2009 年。

86　宗像大社宝物館資料、宗像大社社務所発行。

87　奈良康明監修、山田樹人著、『ガンダーラ美術
の見方』、里文出版、1999 年。

88　中西慶爾著、『中国の刻石』、木耳社、1981 年。

89　林巳奈夫著、『古代中国の生活史』、吉川弘文館、
1992 年。

90　坂元義種著、「狛犬の名の由来」（上田正昭
編著『古代の日本と渡来の文化』）学生社
1997 年。

91　稲垣栄三著、日本の美術 21、『神社と霊廟』、
小学館、1971 年。

92　高木正一訳注、新修中国詩人選集、『白居易』、
岩波書店、1983 年。

93 武田鏡村監修、『総図解よくわかる仏教』、新人物往来社、2011年。

94 杉山二郎著、『仏像が来た道』、青土社、2010年。

95 宮脇昭著、『仏像学入門』、春秋社、2004年。

96 NHK文明の道プロジェクト編著、『文明の道』、日本放送出版協会、2003年。

97 塩見一仁著、『狛犬誕生』、澪標（みおつくし）、2014年。

98 吉田賢抗訳、『史記』、4、（八書）明治書院、1995年。

99 虎尾俊哉編著、『延喜式』、「下」、集英社、2017年。

100 佐藤真理子編著、『東大寺』、JTB出版事務局書籍編集部、2003年。

101 石上善應他17編著、『仏教経典の世界』、自由国民社、1991年。

102 財団法人式内社顕彰会編著、『式内社のしおり』、神社新報社、2009年。

103 加藤楸邨著、『東大寺物語』、世界文化社、1989年。

104 宮治昭解説、『ガンダーラの仏教美術』、岩波書店、1984年。

105 浅井和春著、『仏像の世界』、山川出版社、2002年。

106　高山寺典籍文書総合調査団編著、『高山寺悉
　　　曇資料』、財団法人東京大学出版会、2001 年。

107　湯原公浩編著、別冊太陽、日本のこころ 172、
　　　『東大寺』、平凡社、2010 年。

108　大谷大学編著、『仏教が生んだ日本語』、毎日
　　　新聞社、2001 年。

109　松本慈恵・松本慈寛編著、『仏辞苑』、国書刊
　　　行会、2021 年。

110　酒井傳六著、『古代エジプト動物記』、文芸春
　　　秋、1968 年。

111　谷川士清編著、『倭訓栞』、「上巻」、名著刊行会、
　　　1968 年。

112　アジア民族造形文化研究所編著、『アジア仏
　　　教名蹟』、雄山閣、1988 年。

113　頼富本宏編著、『大日如来の世界』、春秋社、
　　　2007 年。

114　河合望著、『古代エジプト全史』、雄山閣、
　　　2021 年。

115　前田耕作・山根聡著、『アフガニスタン史』、
　　　河出書房新社、2002 年。

116　樋口隆康著、『アフガニスタン』、日本放送協
　　　会、2003 年。

117　ヴァレリー・ハンセン著、田口未和訳、『シ
　　　ルクロード文化史』、原書房、2016 年。

118　平岡聡著、『菩薩とはなにか』、春秋社、2020 年。

119　石井浩著、『サンスクリット語』白水社、2021 年。

120　辻直四郎著、『サンスクリット読本』、春秋社、1975 年。

121　上村克彦、風間喜代三著、『サンスクリット語・その形と心』、三省堂、2010 年。

122　山中元、佐藤信夫著、『サンスクリット 文法入門』、国際語学社、2010 年。

123　アルボムッレ・スマナサーラ著、『一分で読むブッダの教え』、株式会社サンガ、2014 年。

124　池上彰著、『池上彰と考える、仏教ってなんですか』、飛鳥新社、2012 年。

125　正木晃著、『知の教科書 密教』、講談社、2004 年。

126　大田由紀江著、『カラー版イチから知りたい！仏教の本』、西東社、2014 年。

127　末木文美士著、『浄土思想論』、春秋社、2015 年。

128　岩井護他 13 人著、『浄土の世界』、世界文化社、2006 年。

129　金山穆韶・柳田謙十郎共著、『日本真言の哲学』、大法輪閣、2008 年。

130　頼富本宏著、『金剛頂経入門』、大法輪閣、2020 年。

131 田中公明著、『仏菩薩の名前からわかる大乗仏典の成立』、春秋社、2022 年。

132 可藤豊文著、『悟りへの道』、法蔵館、2008 年。

133 中村元著、『密教経典・他』、東京書籍、2014 年。

134 ひろさちや著、『仏の世界と輪廻の世界』、佼成出版社、2022 年。

◇謝　辞

　本誌の発刊に際しまして、実に多くの出版社・図書館・研究所・神社・仏閣等の版権各位から資料の提供を戴きました。さらに神戸学院大学大学院の大原教授からサンスクリット語及び仏教について格別の指導を戴きました。また株式会社井前工業の上田兼司氏・松本義一氏から貴重な見解を頂戴し成立しております。ここにこの場を借りまして改めて御礼申し上げます。

◇著者略歴

坂本保男

1944 年　明石市相生町で生まれる。

神戸学院大学・大学院 // 人文学部 人間文化学研究科・地域文化論専攻修士課程修了。

日立化成工業株式会社 // 日立化成商事株式会社（現・株式会社レゾナック・ホールディングス // 現・新興電気株式会社）勤務後 定年退職。

明石に於いて子午線歴史情報研究所設立。

◇著書 // 論文（自家出版）

『戦国大名の軍資金』、2022 年 5 月 12 日。初版
2022 年 9 月 17 日。第 2 刷
『阿吽の世界』、2024 年 2 月 16 日。初版

....

『近代日本文明の原動力と明治維新』、2005 年。
『秦漢帝国二人の使節』、2009 年。
『スギナの除草奮闘記』、2013 年。
『獅子狛犬とシルクロード』、2014 年。
『古代中国の宇宙観と徐福伝説』、2015 年。
『世界支配超巨大財閥と日本経済』、2015 年。
『酒と痛風の歴史』、2016 年、2020 年増補改訂版。
『摩訶般若波羅蜜多心経読み方・単語・熟語の補遺』、
2016 年。
『健康長寿考』、2016 年。
『群像の辞世』、2017 年初版、2020 年増補改訂版。
『東播磨と西摂津の城郭史』、2017 年。
『苺の歴史と栽培』、2018 年。
『播磨の城郭史』、2018 年。
『摂津の城郭史』、2018 年。
『豪商の群像』、2019 年。

『近代日本の財閥群像』、2019 年。

『豪商・稲葉本家の歴史』第 7 版、2020 年。

『ハイパーインフレ＆世界支配超巨大財閥』、2020 年。

『新型コロナウイルスの正体』2020 年。

阿吽の世界

2024 年 2 月 16 日　初版第 1 刷発行

著　者　坂本保男

発行所　株式会社牧歌舎
　　　　〒 664-0851　兵庫県伊丹市西台 1-6-13
　　　　伊丹コアビル 3F
　　　　TEL.072-785-7240　FAX.072-785-7340
　　　　http://bokkasha.com　代表：竹林哲己

発売元　株式会社星雲社
　　　　（共同出版社・流通責任出版社）
　　　　〒 112-0005　東京都文京区水道 1-3-30
　　　　TEL.03-3868-3275　FAX.03-3868-6588

印刷製本　シナノ印刷株式会社

© Yasuo Sakamoto 2024 Printed in Japan

ISBN 978-4-434-33547-1　C0020